AF500949

VIE

ÉDIFIANTE ET POPULAIRE

DE

S^TE ROSELINE

DE VILLENEUVE,

PAR

M. l'abbé LIOTARD,

CURÉ DES ARCS (VAR).

DEUXIÈME ÉDITION

DRAGUIGNAN,

IMP. DE C. ET A. LATIL, ESPLANADE DE LA VILLE.

1873.

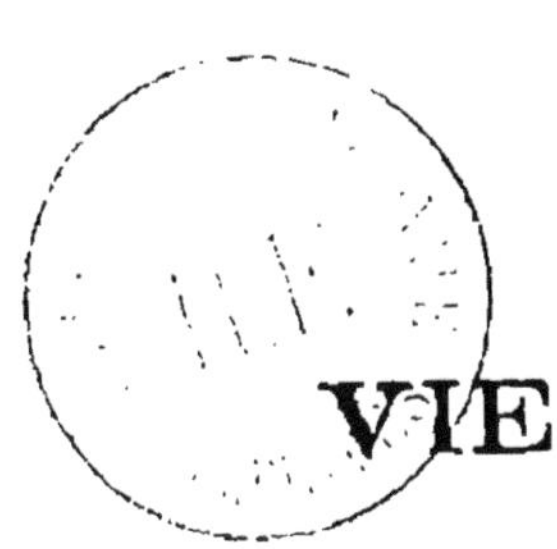

VIE

DE

SAINTE ROSELINE

Draguignan, imp. de C. et A. LATIL, Esplanade de la ville.

VIE

ÉDIFIANTE ET POPULAIRE

DE

Ste ROSELINE

DE VILLENEUVE,

PAR

M. l'abbé LIOTARD,

CURÉ DES ARCS (VAR).

DEUXIÈME ÉDITION.

DRAGUIGNAN,

IMP. DE C. ET A. LATIL, ESPLANADE DE LA VILLE, 4.

1873.

Monseigneur,

Permettez que je vienne déposer à vos pieds, ma faible part, du tribut qu'une de vos circulaires, réclamait de chacun de vos prêtres, sur l'agiographie diocésaine, ou la statistique religieuse locale.

Le travail que je soumets à Votre Grandeur devait être la part du curé des Arcs, où naquit, vécut et mourut sainte Roseline de Villeneuve. Depuis plusieurs années, puisant à diverses sources, je fesais des études, des recherches, des annotations; quand une œuvre pleine de mérite et de science sur la vie de notre sainte parut en 1867. Je parcourus avec empressement et bonheur ce travail, vrai monument de style et de pensée, qui honorera la littérature contemporaine, mais la fin que je me proposais n'étant point remplie, j'ai dû continuer ma tâche pour offrir au public, dans un style plus simple, un livre dont le prix fut accessible à tous. C'est la vie édifiante et populaire que vient soumettre à votre approbation, Monseigneur, celui qui se dit de Votre Grandeur, le très-humble et très-dévoué serviteur.

L. LIOTARD, p.

APPROBATION ÉPISCOPALE.

D'après le rapport qui nous a été fait sur un ouvrage intitulé : **Vie édifiante et populaire de sainte Roseline**, par M. l'abbé LIOTARD, curé des Arcs, nous en autorisons l'impression et en recommandons la lecture aux fidèles de notre Diocèse, qui y puiseront un accroissement de foi, de piété et d'amour pour la sainteté.

Fréjus, le 23 juin 1868.

† **J. HENRI**, *évêque de Fréjus.*

AVANT-PROPOS.

Depuis longtemps, la piété des fidèles de notre contrée, demandait une histoire de la vie de sainte Roseline de Villeneuve, voulant s'édifier par la lecture des actes, des hautes vertus et des miracles de celle dont la présence honnora, bénit et sanctifia les lieux que nous habitons. Les grandes bibliothèques n'offraient que de rares exemplaires de cette histoire, qui n'était traitée nulle part complètement.

Divers obstacles, venant des difficultés de la rédaction et des frais d'impression, avaient arrêté nos prédécesseurs, dans l'administration de cette paroisse; quand un de nos compatriotes, littérateur distingué, M. Lombard, habitant Marseille, nous donna sur sainte Roseline, une notice assez complète, d'un style très soigné; mais ce récit, écrit par un homme du monde, était empreint, disons-le, d'une teinte peu religieuse et donnait, sur quelques actes de la Sainte, des appréciations erronées. Aussi, loin de favoriser la propagation de ce livre, nous ne craignîmes pas de l'interdire à nos fidèles paroissiens. Nous travaillions donc aux éléments d'une vie écrite sous une inspiration plus chrétienne, quand M. le comte Hypolite de Villeneuve, en qui la noblesse du caractère et la science profonde égalent la vive foi, vint enrichir l'agiographie provençale d'un chef-d'œuvre littéraire dont la vie de sainte Roseline était l'objet principal, autour duquel convergeaient les grandes œuvres de son siècle et des siècles suivants. Mais disons-le avec quelque regret : la hauteur des vues, la délicatesse des pensées, la distinction de style du noble écrivain, n'étaient point saisissables aux intelligences ordinaires du grand nombre de nos pieux lecteurs, et le prix élevé d'un grand volume de cinq cents pages compactes, nous laissait encore désirer une vie populaire, édifiante, intéressante, à la portée de tous. C'est la tâche que nous nous efforçons de remplir en offrant au public ce volume.

Nous ne prétendons pas au titre d'auteur, nous le disons ici, avec notre franchise bien connue, nous avons essayé d'être heureux compilateur. Les Bollandistes, dom Amable, de Haitze, Bouche, Lombard, et surtout M. le comte de Villeneuve, ont été des sources auxquelles nous avons puisé. Quelques considérations personnelles, des notes prises dans la tradition écrite ou verbale des lieux que nous habitons depuis longues années, de l'ordre, de la clarté dans la rédaction historique, voilà l'objet de notre travail, dont le principal but, est de faire connaître, aimer, prier notre Sainte, de propager son culte et répandre sur tous ses abondantes bénédictions.

VIE DE SAINTE ROSELINE.

CHAPITRE PREMIER.

ÉPOQUE ET LIEU DE LA NAISSANCE DE SAINTE ROSELINE. — SA FAMILLE. — SON NOM.

Tous nos chroniqueurs provençaux sont d'accord en fixant l'époque de la naissance de sainte Roseline de Villeneuve au milieu du treizième siècle, le 27 janvier 1263.

Trans, Flayosc même, revendiquent l'honneur d'être le lieu de sa naissance ; cette ambition est bien excusable à leur piété envers notre Sainte ; plusieurs villes d'Asie et de la Grèce ne prétendaient-elles pas aussi qu'Homère avait reçu le jour dans leurs murs? Il ne sera pas difficile de démontrer que le château des Arcs a pu seul voir naître sainte Roseline.

L'histoire de Provence atteste que la première inféodation de la terre des Arcs, Trans, fut faite en 1201, à Géraud Ier de Villeneuve, père de Géraud second et de l'illustre Romée, fondateur de la maison de Vence*. Ce fut au sommet d'un riant côteau déjà défendu par une citadelle, que le seigneur des Arcs bâtit son manoir, dont les belles ruines annoncent encore l'antique splendeur. Quel voyageur n'a pas admiré de loin cette belle

* (Bouche, tome II, section 2me, page 178). Le roi d'Aragon, Guillaume III, donna ce fief pour les bons services rendus par la famille de Villeneuve. — Les bienfaits accordés par ses successeurs à la même famille sont insérés dans le registre pélicanus, page 216.

tour carrée, flanquée sur des rochers abruptes, au pied desquels, comme dans un abîme, le Réal voit couler ses limpides eaux et dont le sommet intact, bravant la foudre et les révolutions, témoin silencieux mais éloquent, atteste la puissance déchue de nos seigneurs barons. A

Les souverains de Provence, en octroyant ce fief à la noble famille, ne font mention que du pays des Arcs, comme chef-lieu de la contrée

Les terres de Trans, Flayosc, la Motte n'étaient que des dépendances du château des Arcs, et des positions militaires fortifiées mais subordonnées. Le château de Trans ne devint marquisat que deux cents ans après la naissance de sainte Roseline, et ce ne fut qu'après la bataille de Pavie, quand le neveu de Louis de Villeneuve eut fait un rempart de son corps à François Ier, que le seigneur de Trans reçut le titre glorieux de premier marquis de France, en 1525.

Ce qui prouve clairement encore que le château des Arcs était le vrai siége de la famille catalane des Villeneuve, c'est que l'illustre Romée, voulant faire ses dispositions testamentaires, quitta Vence, assisté de ses gens, pour venir les écrire au pied de la tour des Arcs. Après de telles preuves, des rivalités au sujet du lieu de la naissance de la sainte ne dénoteraient qu'un caprice obstiné, ou la profonde ignorance de l'histoire locale.

Roseline eut pour père Géraud Arnaud II de Villeneuve, seigneur des Arcs, de Trans, de Flayosc, de la Motte et d'Esclans, fondateur de la chartreuse de Celle-Roubaud, et frère de Jeanne de Villeneuve, première prieuresse de ce monastère. Elle eut pour mère Sibille Burgole de l'illustre maison de Sabran. »

Le père Papebrouck et les Bollandistes, appuyés sur la tradition, racontent que Dieu révéla dès sa naissance la gloire future de notre Sainte, et qu'une auréole éclatante couronna sa tête quand son père vint déposer sur son front le premier baiser.

Quel nom reçut la fille d'Arnaud le jour de son baptême ? Des discussions longues et sans résultat ont eu lieu à ce sujet. Dom Amable, Bouche et Travillas prétendent que le nom de Jeanne lui fut d'abord donné, et celui de Roseline, seulement après le miracle des roses. C'est là une pieuse supposition, que les pères chartreux plus compétents ont refutée victorieusement. Dom Chauvet, Lecouteux et Levasseur, assurent que Roseline a reçu ce nom dès l'enfance. Il n'était point nouveau, puisque la pricuresse de la Celle près Brignoles en 1193, et Roseline de Fox, abbesse de la Manarre l'avaient porté. Cinq seigneurs de Bormes ont porté le nom de Rossolin, le dernier en 1424. Le vicomte du Mans en 1173 était nommé Rossolin. Ce nom, diminutif de Rose et de Rosalie, communément adopté depuis des siècles, est écrit dans Bouche et les Bollandistes, *Rosseline*, le bréviaire de Fréjus, Duhaitze et Papon, écrivent *Rossoline*, la généalogie de famille et les registres des chartreux écrivent *Roseline*, ce qui paraîtra plus vraisemblable, parce que la prononciation catalane, introduite dans la grammaire provençale par les Villeneuve originaires de Elna en Catalogne, doublait la lettre *s* comme dans le grec, et prononçait Rosseline ; de même que la province du Rossillon s'écrivait Rosillon. Ce nom serait donc étranger au miracle des roses, et. comme le dit Lombard, selon l'usage du temps, on puisait très arbitrairement les noms dans le teint, les qualités, ou les défauts naturels des individus. Rosso et Rossolino, Roux, blond. blondin, comme nègre, négrin et autres n'étaient que l'expression de la couleur des sujets. Cette remarque ne contrarie aucunement l'opinion si recommandable des Chartreux, de Bouche et des Bollandistes, qui à notre avis est la plus acceptable. Nous écrirons donc *Roseline*.

CHAPITRE DEUXIÈME.

✻

ENFANCE DE ROSELINE.— SA CONFIRMATION.
— SA CHARITÉ POUR LES PAUVRES.
— MIRACLE DES ROSES.

Le château des Arcs posé au sud et à l'ouest sur un précipice inabordable, était défendu au nord et à l'est par une enceinte étroite de remparts existants encore, à l'abri desquels de rares habitants venaient se défendre contre les invasions ennemies. Sur une cinquantaine de feux ou d'habitations, on en voit encore une distinguée par une fenêtre gémelle, style roman; dans cette maison la sainte aurait été nourrie, et la tradition emportant avec le souvenir de l'Enfant, un soufle de pudeur chrétienne, donne une sage leçon aux mères jalouses de leur chasteté, en rappelant que Roseline préludait à son angélique pureté, en voilant elle-même le sein de sa mère, chaque fois qu'elle y puisait son lait

Parmi les rares détails que l'histoire nous a conservés sur les premières années de la jeune Roseline, il est un fait que nous devons relater: le jour de sa confirmation, à l'âge de sept ans, quand le pontife imposait les mains sur le front de la vierge, il y vit briller une lumière miraculeuse qui fut regardée de tous comme un présage certain de sa sainteté et de sa gloire futures.

Élevée sous les yeux d'une pieuse mère, formée par elle à la pratique de toutes les vertus chrétiennes, il en est une pour laquelle son cœur avait plus d'attraits; de bonne heure elle fit pressentir cette ardente charité pour les pauvres, qui devint sa vertu dominante. Aussi Dieu prouva-t-il par un prodige, combien les sacrifices de la charité de Roseline étaient devant lui d'agréable odeur.

Un jour la fille du château voyant les pauvres plus nombreux se presser à la porte, suivant sa noble passion et l'impulsion de son cœur, elle dispensait si fréquemment et si largement des secours aux indigents, que les serviteurs craignant l'abus, et se croyant responsables, en avertirent son père. Celui-ci voulant être témoin des actes de sa fille, se cache sur son passage, et l'arrête d'un air courroucé lui demandant ce qu'elle porte dans son tablier, Roseline le déploie devant son père qui n'y trouve que des roses et d'autres belles fleurs. Les yeux inondés de larmes, Arnaud reconnaît le doigt de Dieu dans ce miracle. Il embrasse en silence sa fille prédestinée, et se tournant vers ses serviteurs, il ne leur dit que ces paroles : « Désormais laissez-la faire ! »

Le miracle des roses d'après Dom Charles Lecouteux et Dom Jean Chauvet, a reçu l'assentiment des plus graves auteurs, et la confirmation de la tradition populaire; il est devenu même le motif de l'attribut spécial de sainte Roseline, qu'on représente partout avec un scapulaire plein de roses entre les mains, quoique ce miracle ait eu lieu avant son entrée en religion. Il est vrai que le même miracle est attribué à sainte Elisabeth de Hongrie, à Sainte Rose de Viterbe, à sainte Rose de Lima, à sainte Germaine Cousin. Mais pourquoi Dieu, si admirable dans ses saints, ne récompenserait-il pas par les mêmes images et miraculeux effets, l'amour et la charité dont la rose est l'emblême?

CHAPITRE TROISIÈME.

※

JEUNESSE DE ROSELINE AU SEIN DE SA FAMILLE. — CONFIDENCE SUR SA VOCATION. — DEMANDE EN MARIAGE. — DÉPART POUR BERTAUD. — VERTUS DE LA NOVICE. — SA PROFESSION.

Ici commence une phase de la vie de notre sainte, où la divergence des chroniqueurs rend la tâche de l'historien difficile. Des opinions formellement opposées et d'ailleurs respectables, sont en présence. D'une part

Pierre de Haitze, Chauvet et les Bollandistes, de l'autre les annales des Chartreux et surtout l'opinion d'un homme éminent de nos jours, le comte Hypolite de Villeneuve, aussi consciencieux qu'éclairé, de qui les assertions prudentes seront pour nous d'un mérite supérieur à tous les autres. Quelle est la cause de cette incertitude dans l'histoire de notre Sainte? Il faut l'attribuer: 1° à l'esprit de l'ordre cartusien qui, retranché dans sa sollitude et ennemi de toute manifestation, a caché la gloire de plusieurs saints personnages qu'il a produit, se contentant que leurs œuvres soient connues uniquement de Dieu, en qui elles restent cachées et sont largement récompensées; 2° aux divers incendies qui ont désolé plusieurs fois les chartreuses; 3° aux nombreuses guerres civiles et de religion qui ont détruit dans les châteaux tant de monuments écrits; 4° disons-le: à l'esprit dédaigneux de la renaissance, dont l'enthousiasme exclusif pour l'antique, ne jetait qu'un regard d'indifférence, de mépris même, sur les œuvres écrites, les monuments et les vertus héroïques, du moyen-âge.

Roseline était l'aînée de onze enfants, fruit béni de l'union de deux époux dignes l'un de l'autre par la naissance et la vertu. Nul ne saurait douter que cette fille, si compatissante pour les misères d'autrui, n'ait partagé avec sa mère les soins, les devoirs, les sollicitudes et les peines inévitables, que réclamait l'éducation d'une nombreuse famille. Cependant il paraît que la pratique des vertus domestiques, ne mit point obstacle à l'avancement de Roseline dans les voies de la perfection chrétienne. Un cœur si pur, un esprit si droit et clairvoyant pouvaient-ils donner entrée aux désirs mondains, aux pensées futiles qu'inspirent la chair et la nature? Des aspirations plus nobles étaient suscitées en elle par des entrevues répétées avec la bienheureuse Jeanne de Villeneuve sa tante, supérieure de la chartreuse de Celle-Roubaud, et par les fréquentes visites que faisaient au château des Arcs, les dignitaires ecclésiastiques et les prieurs des couvents de Laverne et de Mont-Rieux, placés sous la protection et la défense des Villeneuve; leurs discours, leurs exemples durent frapper l'esprit de cette âme d'élite. Dès l'âge de 13 ans, ces hommes éclairés prévoyaient dans cet enfant la femme forte qui

serait un jour l'honneur, le soutien de sa famille et de la religion.

En vain, Arnaud, fondant sur le mariage de sa fille de brillantes espérances, lui offrit-il la main d'un des descendants de Romée de Villeneuve. Roseline sans désobéir à son père répond qu'elle cède volontiers ses droits à l'une de ses quatre sœurs, Sanche, Uranie, Béatrix et Mabile. Dom Bruno prieur de Mont-Rieux, confident des secrètes pensées de Roseline est chargé de faire connaître à ses parents sa résolution arrêtée de quitter le monde et d'entrer en religion ; et peu de temps après, le cœur ému par l'amour filial, les yeux inondés de larmes, mais inébranlable dans sa résolution, au milieu des gémissements du château et des sanglots de la population entière, la bienfaitrice des malheureux quittait le manoir paternel. Elle se rendit au couvent de Sainte-Claire d'Avignon, dit la tradition de cette ville, pour éprouver, auprès de l'abbesse, dame Gérarde de Sabran, sa tante, sa vocation, et faire sa profession dans cette maison. C'est l'avis des Bollandistes et des divers auteurs, entre autres de Chauvet qui dit: *non aliam puto huic fuisse causam tam procul discendi a natali arcuum castro ubi jam habebatur cartusiani instituti parthenon.* Mais les guerres sanglantes dont le Comtat Venaissin devint bientôt le théâtre, obligèrent les religieuses de sainte Claire à rompre la clôture, et à chercher ailleurs un asile plus sûr. C'est alors, disent les auteurs indiqués ci-dessus, que Roseline revint aux Arcs dans la maison de son père, *Ad Arcus se recepit in domum paternam*. (Boll.) et de là, guidés par des motifs de convenance, ils induisent que c'est à Celle-Roubaud que Roseline aurait fait sa profession de chartreuse.

Mais l'autorité que donne à Dom Charles Lecouteux la vérification sérieuse des registres cartusiens, et l'absolue confiance que nous inspirent les travaux et les opinions d'un auteur récent déjà loué, nous font affirmer que Roseline, déjà chartreuse par le cœur en partant des Arcs, ne s'arrêta que par complaisance auprès de sa noble tante, l'abbesse d'Avignon, pour diriger ses pas vers la maison mère des Chartreux, de laquelle relevait depuis peu le monastère de Celle-Roubaud. Elle dut d'abord s'arrêter à Saint-André de Remires, couvent des chartreuses où elle commença son noviciat, s'exerçant à l'observation de la règle, et par la lecture et la méditation des choses divines, se formant à la contemplation, et aux pures affections de l'amour divin que saint Bruno laissa comme un héritage privilégié à ses enfants.

L'humilité devant être la vertu fondamentale de la perfection chrétienne, Roseline eut à partager les œuvres matérielles et les fonctions les plus basses de la maison. Mais là, Dieu voulut encore relever le mérite de la servante des autres par un prodige éclatant. Un jour, dit-on, fête de saint Bruno, entraînée par les charmes d'une douce contemplation, elle avait oublié de préparer le repas de ses compagnes, l'heure va sonner, le feu est encore éteint ; la vierge tombe à genoux, elle prie, et se relevant, elle trouve toute apprêtée la nourriture de ses compagnes. Ainsi, simple novice, par sa puissance auprès de Dieu, préludait-elle, pendant sa vie, aux nombreux miracles qui la firent invoquer et glorifier après sa mort.

Le but que devait atteindre Roseline et sa destination, c'était la maison mère de Bertaud, tant aimée de sa tante Jeanne, qui depuis dix-huit ans avait laissé à ses sœurs en religion, de vifs regrets avec le souvenir de ses vertus. L'âpreté du climat, la sévérité de la règle, l'éloignement de sa patrie, ne détournèrent point la généreuse novice. Devancée par une grande réputation de sagesse et de sainteté, elle fut accueillie avec bonheur par ses nouvelles compagnes, qui virent en elle un modèle, une conseillère, un ange protecteur. Par ses prières non moins que par ses sages avis, elle sut bientôt mettre un terme à des litiges regrettables existant entre le couvent et l'autorité diocésaine. Son influence s'étendit plus loin encore; ses rapports de parenté avec les Sabran, les Dagoult, les Villeneuve, firent respecter des seigneurs voisins, des paysans révoltés et des Vaudois, non-seulement le couvent qu'elle habitait, mais la famille entière des Chartreux.

Les deux années de noviciat venaient de s'écouler. Trois fois le chapitre général à l'unanimité des voix avait accueilli l'humble supplique de la postulante. Roseline voit avec bonheur arriver le moment solennel où des vœux irrévocables devaient l'unir à son divin époux. Le jour de Noël en l'an 1280, le saint sacrifice va être offert, l'Evangile de la messe est chantée, à l'offrande de la grande victime, vient s'unir une autre victime de bonne odeur, aussi pure que la faiblesse humaine peut le permettre. Elle s'avance les mains sur la poitrine, à pas lents, au milieu du chœur. Est-ce une mortelle? Est-ce un ange détaché des phalanges célestes? Que son port est noble et gracieux dans sa modestie! A sa vue, les assistants sont comme saisis d'une électrique émotion ; d'abord elle tombe à genoux en face du saint autel, et fait entendre trois fois ces paroles liturgiques : « *Mon Dieu que ma confiance en vous ne tourne point à ma confusion.* » Trois fois le chœur rend grâces à Dieu. Le secours du Tout-Puissant invoqué, elle va se prosterner aux pieds des supérieurs et de chacune de ses compagnes, implorant le secours de leurs prières. Après, on la revêt de la robe cartusienne, et la nouvelle fille de saint Bruno, d'une voix ferme, vient en face de l'autel prononcer ces paroles: « *Moi Roseline de Villeneuve, promets la stabilité, l'obéissance et la conversion de mes mœurs, en présence de Dieu, de la bienheureuse Vierge Marie, de saint Jean-Baptiste, des autres saints et de leurs reliques.* » Ensuite elle dépose l'acte authentique de sa promesse sur la table de communion; puis se prosternant aux pieds du pontife, reçoit sa bénédiction, et se relevant va rejoindre la sainte famille à laquelle elle est attachée pour toute sa vie par un vœu solennel. Dès ce moment, comme ensevelie au sein de Dieu, elle renonce à toute pensée terrestre. « Adieu, maison paternelle! Baisers de la plus tendre mère, gloire des aïeux, grandeurs humaines, adieu ! plus riche est mon héritage, plus belle sera ma couronne, mon cœur sera plus rassasié par les charmes du céleste et pur amour : adieu pour jamais chère et belle Provence, à ton ciel azuré, à ces vertes vallées, parfumées de violettes et de lis, que le Réal arrose de ses eaux ; adieu, fertiles et belles plaines que l'Argens féconde dans son cours sinueux. Aux chants du rossignol et de la fauvette, je préfère les chants nocturnes des vierges, modulant leurs ferventes prières, je préfère le son de la cloche solitaire, les avalanches de neige, le grondement de la foudre, les frimas, les affreux rochers des gorges de Bertaud ! »

Douces illusions d'un généreux sacrifice, vous serez bientôt dissipées ! le silence et la paix de la solitude te seront bientôt ravis Vierge chrétienne! courage! De plus nobles et de plus utiles combats te rappellent dans ta patrie; la population des Arcs te réclame; * la gloire de Dieu et de ton ordre vont te placer sur un théâtre plus difficile et plus apparent. Jeanne, la bienheureuse prieuresse de Celle-Roubaud fléchissait sous le poids des années et des travaux; qui mieux que sa nièce pourra veiller aux intérêts de son ordre, à l'esprit et aux pratiques duquel elle est suffisamment initiée? Les supérieurs ont prescrit son retour. Il lui faut quitter dans les Alpes une mère et des sœurs dont la sainteté l'avait édifiée, dont la bonté l'avait charmée. Il faut les quitter, Dieu parle par

* Hypolite de Villeneuve.

la bouche des supérieurs. En 1285 elle retourne vers le château des Arcs auquel elle avait généreusement dit adieu pour toujours. Elle donne comme à regret en passant à sa famille ce que la nature et la convenance réclamaient de son amour. Mais une famille non moins chère à son cœur l'attendait à Celle-Roubaud. Son arrivée fut un vrai triomphe; toutes les populations des Arcs, de Trans et de La Motte, étaient venues la saluer avec joie, et témoigner leur bonheur du retour de la sainte fille au milieu d'elles.

CHAPITRE QUATRIÈME.

※

LA CELLE-ROUBAUD. — LES TEMPLIERS. — LES BÉNÉDICTINES. — 1re PRIEURE DE LA CHARTREUSE DES ARCS.

Nous croyons être agréable à nos lecteurs et compatriotes, en suspendant pour quelques moments la suite du récit de la vie de sainte Rosseline, pour relater succintement les fondations qui se succédèrent à la Celle-Roubaud, et les divers évènements dont cette terre bénie fut le théâtre jusques à nos jours.

Vers le milieu du neuvième siècle, * vêtu d'une robe de bure, les reins ceints d'une corde de chanvre, appuyé sur son bâton, un ermite cheminait, descendant et suivant le cours de la rivière de la Nartubi; son visage était pâle, sa barbe négligée, ses yeux pleins de feu, mais doux et modestes. Ce généreux chrétien cherchait au désert un asile pour se sanctifier loin du monde à l'imitation des anachorètes de Thébaïde, et passer dans la prière la fin de ses jours. Arrivé dans la plaine de Valbourgès, attiré par la vue d'une magnifique forêt, il détourne ses pas vers la droite et s'arrête sur une clairière dont une source abondante arrosait la verte pelouse. Ces lieux solitaires alors, ont vu depuis, les sapins

* Lombard.

odorants, les ormes majestueux, les chênes ombreux tomber sous la hâche impitoyable, et remplacés par de riches vignobles, par l'olivier, le mûrier, arbres précieux; et d'opulents propriétaires par l'art ayant embelli la nature, y montrent, hélas aujourd'hui, au pèlerin étonné, leurs luxuriants parterres.

Quel point fut plus heureusement choisi.— Climat de Provence, air pur et embaumé, pas de brume en hiver, des chaleurs tempérées en été par la brise maritime, une côte abritée du côté du nord, d'où la vue se déroule sur un panorama le plus richement varié; au premier plan les roches brunes et anfractueuses du Muy, d'où les yeux saisis d'horreur vont se reposer sur les méandres ombragés de l'Argens et les plaines riches et fécondes qu'il inonde; après avoir interrogé les ruines tristes et solitaires de la ville de Jules César, par un contraste frappant, ils vont se heurter à gauche contre les pics élancés de l'Estérel, tandis qu'à droite ils se reposent sur la glace azurée de la mer qui sert de fond à la scène et se confond avec l'horizon céleste. Quel noble terme pour le regard d'un solitaire, dont l'esprit et le cœur n'aspirent qu'au ciel!

Le saint ermite construisit dans cette solitude sa cellule, il y coula longtemps une vie pleine de mérite et de vertu, mais avant la fin de ses jours, le digne émule de saint Antoine vit ainsi que lui des disciples touchés de sa vie et de son bonheur, se ranger sous ses ordres, bâtir des cellules autour de la sienne, et former un monastère qui prit le nom de Celle-Roubaud. Ce nom, par la suite, fut simplifié et par corruption prononcé *Salabran*. Le monastère se trouve ainsi appelé dans une donation faite en 1038 par un jeune noble Adalbert et sa mère Angélias aux pères de saint Victor de Marseille, où les terres alleudiales concédées, ont pour terme et limite : le chemin qui vient du monastère de *Salabran*.

Ce lieu de prière fut concédé en 1200, à l'ordre des Templiers. Ces riches chevaliers, grands constructeurs, agrandirent le monastère, y construisirent la chapelle qu'on voit encore de nos jours, dont le caractère architectonique est roman, et ne manque pas de noblesse dans sa simplicité. Il fut mis sous l'invocation de sainte Catherine de Mont-Sion, patrone de l'ordre dont la statue domine encore l'entrée de la boiserie claustrale, tenant d'une main l'épée chevaleresque, et de l'autre, son attribut, la roue, instrument de son supplice, brisée miraculeusement sous les yeux des bourreaux. Quelques auteurs attribuent à cette époque la belle sculpture de l'autel principal, représentant la descente de la croix; mais la disposition heureuse des groupes, la finesse des traits, l'expression de douleur empreinte sur les divers personnages, et d'autre part, l'imperfection des sculptures qui datent de la même époque, nous porteraient à croire que ce magnifique travail est d'un temps plus moderne, s'il n'était indiqué par le millésime 1554, largement marqué en chiffres dorés sur le fond du retable.

Le Grand-Maître du temple céda bientôt le monastère aux religieuses Bénédictines, venues de la maison mère de Souribes, diocèse de Gap, moyennant une censive annuelle de cinq sous tournois. La maison changea de titulaire et de patron, et fut placée sous l'invocation de la Sainte Vierge Marie. Hélas! trop éloignées de la censure de la maison mère, ces religieuses perdirent avec leur ferveur la régularité ; le nombre des sujets diminua, et durant plusieurs années le couvent fut réduit à deux religieuses. Le 5 mars 1260 à la sollicitation de Arnaud II de Villeneuve, de sa sœur Jeanne, chartreuse à Bertaud, et des pères chartreux, la prieuresse des Bénédictines de Souribes, moyennant une redevance annuelle, céda le couvent de sainte Marie aux chartreuses de Bertaud, qui s'empressèrent d'envoyer aux Arcs une sainte colonie de filles de saint Bruno. La charte de cette donation est rapportée par Bouche.

(Histoire de Provence, tome II). Dans moins de deux ans des bâtiments suffisants furent construits, annexés aux anciens, et dès lors les saintes filles, dirigées par les pères de Mont-Rieux et de Laverne, édifièrent toute la contrée par leur austérité, leur piété et leur charité.

Dès le commencement de l'année 1260 Jeanne de Villeneuve, tante germaine de Roseline, fut installée première supérieure du couvent, où l'ordre des chartreux s'est longtemps maintenu puissant; Mais en 1378 le regrettable schisme pontifical, posa la cause funeste des résultats que la religion déplore encore. L'autorité des souverains pontifes perdit de son prestige sur les souverains et sur les peuples. Les foudres du Vatican et du Dom d'Avignon se croisant impunément, les impies et les hérétiques reprirent plus d'audace. L'affaiblissement du respect pour l'autorité se fit sentir même au fond des cloîtres. La guerre éclata entre les prétendants à la souveraineté de la Provence, de ville à ville, de seigneur à seigneur, partout, pendant trois quarts de siècle, luttes armées, révoltes et pillage des choses les plus saintes! En 1385 surtout, les troupes du souverain de Naples, qui réclamait la Provence, se livrèrent à des excès qui firent regretter les invasions sarrasines. Autour de Celle-Roubaud, des razzias étaient exécutées sans pudeur. Les cloches du monastère des Augustins de la ville de Draguignan furent de force enlevées, et les couvents, exposés comme Celle-Roubaud, en rase campagne à la fureur des brigands, se trouvant sans défense en face de la brutalité soldatesque, ne purent échapper à la dévastation générale. L'observation de la règle fut plus difficile, la rigueur de la discipline primitive se changea en un tel relachement, qu'en 1416, au chapitre général des pères chartreux, il fut décidé que les pères de Laverne et de Mont-Rieux renonceraient à la direction du couvent de Celle-Roubaud. En 1421, nos chartreuses quittèrent donc leur paisible retraite, laissant des ruines après elles, sans ressources pour les relever, sans sujets pour habiter la maison. Ainsi donc sous la direction du général de l'ordre, Guillaume de Lamotte, fut faite l'abdication du couvent de Celle-Roubaud ; les saintes filles se retirèrent, ne laissant intacts que la chapelle et les reliques précieuses de la Sainte.

Après l'abdication de 1421, il resta à Celle-

Roubaud un petit nombre de religieuses, qui prenant l'habit et la règle des Bénédictines, se mirent sous la conduite et la protection du couvent de Saint-Pierre de la Monarre à Hyères, d'où elles retiraient quelques revenus (1451). Durant les troubles de 1465 à 1469, les Bénédictines abandonnent Celle-Roubaud et se retirent dans la place de Trans sous la protection de la famille de Louis de Villeneuve durant dix ans. Cependant l'anarchie politique et religieuse ayant cessé elles reviennent au couvent. Mais l'affaiblissement de l'esprit monacal, l'infraction fréquente des règles claustrales, les malheurs, les insultes dont elles furent souvent victimes, amenèrent des abus si grands, qu'une bulle fulminée le 7 octobre 1499 par Alexandre VI, les condamna à la réclusion et à la Pénitence. Confiées aux pères du monastère de Lérins, elles restèrent neufs ans sous leur conduite, sans devenir meilleures, au point que le père Etienne Scarron, désespérant de les ramener à l'esprit de leur état, écrivait à l'évêque de Fréjus Jean Bellard : « *Nulla fiat misericordia* » point de merci pour elles! Alors le pontife prononça la dissolution absolue du couvent et renvoya ces sœurs au sein de leur famille en 1501.

Enfin une ère nouvelle brillait sur le monde civilisé, le schisme pontifical était fini, l'illustre bergère de Vaucouleurs avait relevé l'autorité royale en France. Sous la sauvegarde du grand marquis de Trans Louis de Villeneuve, la chapelle de Celle-Roubaud, dont la solide construction avait bravé la rage des barbares et des huguenots, fut rendue à la piété des fidèles.

Les reliques soigneusement cachées et miraculeusement retrouvées furent rétablies sur l'autel et pour les garder honorablement, les seigneurs des Arcs et de Trans, appelèrent des franciscains de l'Observance, en 1504. Le couvent de sainte Catherine prit alors le nom de sainte Roseline, un nouveau couvent rétabli d'après les règles des Observantins, ne laissa aucune trace de l'établissement des Chartreux. Dix religieux vivant des aumônes accordées par les populations voisines et les Messieurs de Villeneuve, se maintinrent pendant près de trois siècles, dans cet asile, jusques en 1783. Les religieux alors, devenus moins nombreux, négligeaient la garde des reliques et délaissaient le couvent, quand

Monseigneur de Beausset, évêque de Fréjus, en fit l'acquisition. La cloche silencieuse ne sonnait que rarement sur son antique beffroi, les reliques de la sainte restaient dans une solitude inouïe jusques alors, le pontife se disposait à céder au marquis de Trans les restes vénérables de sa sainte parente. Le bruit s'en répand, la population ardente des Arcs s'en émeut, et le conseil municipal, dans sa séance du 12 janvier 1783, décide d'envoyer à Fréjus une députation, pour plaider contre les prétenttons du seigneur de Trans : « C'est aux Arcs, disaient ces mandataires, que sainte Roseline est née, elle y a passé sa vie, elle y est morte, son corps repose dans la chapelle du couvent depuis cinq siècles, on ne saurait sans injustice l'enlever au respect et à la vénération de nos concitoyens. » Ces objections furent présentées avec tant de respect et tant de force, que l'évêque leur assura désormais la possession des insignes reliques.

Mais déjà commençait à souffler l'affreuse tempête qui accumula tant de crimes et de ruines sur la France et l'Europe entière. Les terres des moines de saint Victor, de l'Evêque de Fréjus et du couvent, furent confisquées et vendues à vil prix par le gouvernement de la Terreur. Cependant en ces jours d'athéisme et de sang, où Dieu et ces saints étaient chassés de leurs temples, les citoyens des Arcs ne faillirent pas à leur respect et à leur vive confiance envers leur patronne. Les reliques furent surveillées avec une attention jalouse, et pour les sauver, des hommes généreux voulurent en commun devenir les propriétaires de la chapelle, qu'ils remirent à la commune, quand des jours meilleurs eurent brillé sur la France. Le concours des fidèles auprès des saintes reliques s'accroît d'année en année, surtout au jour de la Sainte Trinité, anniversaire du premier triomphe de sainte Roseline, qui voit arriver processionnellement les populations des Arcs et de Trans. Quel touchant spectacle offrent de loin ces vierges vêtues de blanc, rangées sous leurs riches bannières, formant un cœur angélique, dont les voix fraîches et pures célèbrent dans les champs les gloires de Roseline! Et puis, venant s'incliner devant la sainte relique, baisent respectueusement la glace qui la garantit, tandis que les voix graves et pleines des frères pénitents, alternant avec les douces voix de leurs filles, font retentir l'antique voûte des strophes de l'hymne de l'église en l'honneur des vierges. Aux chants pieux et sévères des offices sacrés, succède l'expansion naïve de la joie des familles, qui assises en rond auprès des sources jaillissantes, sur le gazon, sous l'ombre impénétrable des platanes ou des mûriers, attaquent avec un égal appétit la corbeille des provisions apportées pour les besoins de la journée, puis les groupes se brisent, et la gaieté provençale, excitée par l'éclat d'un beau soleil et par les parfums qui s'exhalent de cette terre aromatisée, se livre, durant l'après dîner, à des amusements tout mondains qui s'accordent peu avec le caractère austère et pénitent de la sainte que tous priaient et vénéraient le matin.

Comme le dit un auteur mal informé, ce n'est pas une fois seulement dans l'année que le silence de la sainte chapelle est interrompu par des chants sacrés. A chaque vendredi de carême, de nombreux fidèles viennent participer au pain des anges, sous les regards de la mère des douleurs, qui du milieu du magnifique groupe ornant le maître autel, semble communiquer à tous ceux qui la contemplent sa tristesse et son amour, pendant que des chœurs d'hommes et de filles pieuses chantent la douloureuse complainte : *Stabat mater...*

Le deux du mois d'août, une autre fête, empreinte exclusivement d'un caractère tout ascétique et pénitent, attire les âmes soucieuses de gagner le pardon plénier, obtenu en faveur de tous ceux qui visitent une église franciscaine, le jour de la fête de la portioncule embaumée du souvenir du séraphique saint François. Le 16 du mois d'octobre, la liturgie diocésaine appelle chaque année les fidèles auprès de la sainte relique

Souvent encore dans le cours de l'année, des familles reconnaissantes d'un bonheur inespéré, les malades guéris de dangereuses infirmités, les marins, les soldats sauvés de la mort, ne viennent-ils pas demander en actions de grâces, sous les auspices de la sainte, l'oblation du saint sacrifice : pardonnez, chers lecteurs, cette digression qui nous a fait anticiper sur l'ordre des temps pour vous offrir dans un seul tableau la suite des évènements qui composent tout l'historique de ces lieux saints, objet du plus vif intérêt pour nous.

CHAPITRE CINQUIÈME.

❀

ROSELINE AU MILIEU DE SES NOUVELLES COMPAGNES. — SON DIACONAT. — ADMINISTRATION TEMPORELLE DU COUVENT. — PAUVRES SECOURUS. — VIE INTÉRIEURE. — CHANT. — ÉCRITURE. — POÉSIE. — TRAVAUX.

A l'éclat de la naissance et de la fortune relevées par la jeunesse et la beauté, Roseline joignait une réputation de vertus et de talents, qui devait rendre saintement fière la maison qui possédait un tel sujet. La professe de

Bertaud paraissait ignorer seule l'excellence de son mérite. Après les premières émotions de l'accueil empressé de ses sœurs, il lui tardait de remettre en union avec son Dieu ce cœur, que depuis quelques jours les créatures avaient paru lui disputer. Elle put encore dans sa cellule, avec ses livres, sa table étroite, son lit et sa chaise de paille, dans le recueillement de la prière, goûter les charmes de la divine contemplation; ou confondue au milieu de ses sœurs aux stalles de la chapelle et dans les exercices faits en commun, être la dernière de toutes.

Plusieurs années s'écoulèrent ainsi, dans la pratique des vertus d'une religieuse parfaite, l'égalité de son caractère ne s'était jamais démentie, la ferveur de sa piété était un stimulant puissant pour ses compagnes, et sa ponctuelle exactitude à la règle, la faisait distinguer entre toutes. Aussi dès qu'elle eut atteint sa vingt-cinquième année, minimum de l'âge requis, on l'avertit de se préparer à recevoir la consécration virginale, qui devait lui conférer le titre et les priviléges d'épouse de Jésus-Christ. La cérémonie fut célébrée en 1288, par Bertrand de Favier, évêque de Fréjus. Le jour de la fête est arrivé, la cloche du monastère annonce de grand matin l'immolation de la noble et pure victime. L'autel était paré de ses plus beaux ornements, les murs de leurs plus riches tentures. A l'heure dite les portes extérieures sont ouvertes à la foule impatiente. Bientôt le bruit et l'agitation cessent, des chants lointains mystérieux qui semblent venir des cieux pénètrent les cœurs d'une crainte religieuse. Le pontife s'avance et commence le sacrifice de l'agneau divin, jusques à l'offertoire. Alors la prière est comme suspendue, les yeux avides se portent sur l'héroïne de la fête. C'est la fille et la sœur des nobles chevaliers, mais ici elle est plus encore, la fille du Seigneur des cieux, l'épouse de Jésus-Christ. Une couronne de vierge l'accompagne, le prélat paré de ses habits pontificaux lui dit : « Avancez vers le saint autel ? » A ce mot Roseline la tête modestement baissée, les mains posées en croix sur la poitrine, vient se mettre à genoux devant l'évêque, écoutant avec respect les paroles qui lui sont adressées par le ministre de Dieu. Puis on entonne cette hymne divinement inspirée où l'âme qui soupire après son union avec le divin esprit, révèle avec un saint lyrisme les désirs ardents qui la pressent

Veni creator spiritus. Dès que ce chant est fini, le pontife oint les mains et les lèvres de la vierge. Il passe à son doigt l'anneau d'or, douce chaîne pour l'âme généreuse et pure, gage d'une chasteté perpétuelle. Il pose sur son cou l'étole blanche, sur sa tête un voile noir surmonté d'une couronne de roses. Ces touchantes cérémonies étaient accompagnées de chants, célestes élans d'amour, pieux soupirs de l'époux du cantique des cantiques. Venez, venez, que je vous possède enfin ma chaste amie, venez l'hiver est passé; la tourterelle déjà soupire, la vigne fleurie répand partout sa bonne odeur! Venez auprès de moi, venez! Roseline se relève diaconesse, et le chant d'actions de grâces commence; elle revient au milieu de ses compagnes rayonnantes d'une beauté céleste, son cœur, ses yeux étaient au ciel, ses pieds semblaient à peine effleurer la terre, ce sera désormais le type de la vertu cartusienne, après Bruno, la gloire de son ordre. Son image embellira nos appartements; frappée sur le bronze et l'argent, cette figure sera suspendue au cou des enfants, des vieillards, et de tous, pour leur porter bonheur. Pénétrée des devoirs que lui impose sa nouvelle dignité, Roseline veut se montrer la digne fille de saint Bruno. L'observation amoureuse de la régle faisait ses délices; toujours la première au chœur, sa voix, mêlée à celle de ses sœurs, montait au trône de l'Eternel comme un pur encens. Toujours s'unissant d'esprit et de cœur avec les anges qui chantent dans les cieux les louanges de Dieu, elle répétait avec un nouveau plaisir les psaumes, les hymnes et les oraisons sacrées.

L'office terminé, la jeune diaconesse rentrait dans sa cellule et de préférence employait son temps à transcrire avec d'élégantes figures, les livres saints. « Ainsi, disait-elle, je suis toujours en relation avec mon Dieu et puisque il ne m'est pas donné de prêcher publiquement, je propage la parole sacrée. » L'imprimerie n'était point encore inventée, et saint Bruno, ardent littérateur, avait communiqué à ses enfants dont il avait fait un peuple de copistes, le goût exquis des belles-lettres. »

Roseline ne devait-elle pas avoir partagé les goûts de sa belle-sœur dame Rixande de Vence, de son frère Hugues, savant docteur franciscain, et de sa sœur dont les succès poétiques furent publiquement couronnés à Avignon. Quand les troubadours répétaient aux châtelains leurs joyeuses ballades, les voûtes et les verts ombrages du monastère de Celle-Roubaud devaient retentir de cantiques pieux. A la même époque on rapporte encore cette musique religieuse, douce, harmonieuse des Chartreuses, empreinte d'une ravissante tristesse, qui semble faire entendre les gémissements des éxilés de la terre vers les cieux.

Le monastère de la Celle-Roubaud prenait depuis quelques années par le nombre des novices un développement plus important. Jeanne de Villeneuve, trouvait déjà bien lourd le fardeau de la double administration temporelle et spirituelle de sa maison. Qui plus que sa nièce bien aimée était capable de partager sa sollicitude, aussi la gestion extérieure des biens nombreux dont était doté le couvent, le soin de l'hospitalité envers les voyageurs, devoir spécialement sacré pour les Chartreux, et la distribution des aumônes aux pauvres de la contrée furent confiés à la noble diaconesse. Outre la surveillance journalière des travaux agricoles et du jardinage, de nombreux troupeaux destinés à fournir le lait nécessaire au régime constamment maigre suivi par les sœurs, donnaient à l'économe du couvent de fréquentes sollicitudes, à cause des rixes entre les bergers du monastère et les communaux. Les archives de la commune des Arcs constatent ces vives querelles. mais par la clarté de ses instructions, par sa vigilance, et surtout par sa charité, Roseline prévenait tous les abus, pacifiait toutes les querelles, dans les affaires qn'elle traitait de gré à gré avec les parties plaignantes.

CHAPITRE SIXIÈME.

PRIORAT. — JEAN XXII. — ROSELINE PARLANT A SES FILLES. — SES MORTIFICATIONS. — SES EXHORTATIONS. — SON INFLUENCE AU DEHORS.

Au commencement du quatorzième siècle, Jeanne de Villeneuve fut appelée au ciel pour recevoir la récompense de ses vertus et de ses travaux. Sa mort rendait vacant le priorat du monastère, Boson, qui fut général des Chartreux, de 1278 à 1323, imposa à Roseline cet honneur et cette charge Le choix était prévu, désiré même, et fut accueilli avec une joie unanime, et les religieuses se félicitèrent d'appeler leur mère celle qu'elles avaient appelé jusque là leur bonne sœur. L'installation de la nouvelle prieure, fut faite par l'évêque de Fréjus, Jacques d'Euse, qui, témoin de tant de mérite et de vertus, conçut alors pour elle cette haute estime, cette prédilection, qui plus tard quand il fut devenu souverain pontife sous le nom de Jean XXII, lui fit déverser tant de priviléges et de faveurs, sur le monastère de Celle-Roubaud, et sur l'ordre des Chartreux tout entier.

Roseline ne vit dans cette dignité que de nouvelles obligations, et pour obtenir de Dieu des grâces plus abondantes, elle redoubla ses prières, mais surtout ses jeûnes et ses macérations. Les jours de communion elle ne prenait pour nourriture que du pain sec couvert de cendres. Ses plus légères fautes étaient châtiées par de rudes disciplines. Dieu la récompensait par de fréquentes révélation et visions. Un jour Jésus-Christ lui ayant apparu le corps tout lacéré, comme elle en demandait la cause, elle comprit que c'était l'hérésie des albigeois. Ses mortifications étaient quelquefois si excessives, que ses filles, les larmes aux yeux, la conjuraient de ne point se traiter si cruellement. Elle aimait tant à souffrir, que lorsqu'elle passait un jour sans épreuves elle redoutait quelque grand malheur.

La puissance de l'exemple, la douceur des invitations, l'apropos des remontrances, firent régner dans le couvent, le calme, la joie et le bonheur, fruits d'une bonne conscience. C'était comme un oasis dans le terrestre désert, un ciel anticipé. Avant de conférer avec ses sœurs, elle récitait le *Veni Creator*, *l'Ave Maris Stella* clôturait l'entretien. Quelques-unes de ces paroles nous ont été conservées par François de Villeneuve, provincial franciscain. « Qu'il sera beau, disait-elle, pour nous, de mériter les douces paroles de Jésus-Christ à ses dignes épouses ; venez, recevez la couronne que je vous ai préparée, vous avez trouvé grâce devant Dieu. Regardons-nous bien devant le miroir de notre conscience, malheur à nous! si nos négligeances nous attiraient le terrible reproche adressé par Notre Seigneur aux vierges folles : je ne vous connais point. » Les moindres douleurs trouvaient en elle du soulagement, les peines morales d'esprit, les scrupules, les tentations, trouvaient de la lumière et de l'écho dans son cœur.

Sa bienfaisante influence ne se bornait pas à ses filles spirituelles. Par la mort de Arnaud II en 1307, de sa mère Burgole de Sabran, et de la prieure Jeanne, que ses hautes vertus ont fait appeler bienheureuse ; le soin de ses frères et sœurs incomba sur Roseline, l'aînée de la famille. Son cœur si aimant dût veiller avec une sollicitude maternelle à les sauver des dangers que les honneurs, les plaisirs du monde, leur offraient. Aussi l'exemple des vertus austères qu'elle pratiquait, et surtout sa prédilection pour la vertu angélique, l'aimable chasteté qu'elle professait, conseillait par ses discours, et inspirait par son seul regard, exercèrent sur les siens, et biens d'autres, un prosélitisme si puissant et si fécond, que deux de ses sœurs, Sanche et Béatrix gardèrent la virginité, et quatre de ses frères, Hélion, le vaillant chevalier, Elzéar, devenu évêque de Digne, Hugues, savant docteur franciscain, et Raynaud, chancelier de l'Empereur romain à Constantinople, vouèrent à Dieu leur corps et leur âme et gardèrent le célibat.

Sa bienfaisante influence rayonnait au dehors de sa famille. L'ordre des Chartreux lui dût ce prodigieux développement, qui durant un siècle, l'éleva à l'apogée de sa glorieuse fécondité. Quand le grand Hélion son frère bien-aimé entreprenait quelque œuvre importante, il venait s'inspirer des conseils de sa sœur, dont il appréciait la profonde sagesse. Ainsi réclamait-il son avis et ses prières soit avant son expédition pour la conquête de l'île de Rhôdes, soit en fixant les règles pour l'administration de l'ordre des hospitaliers, dont il présida sept chapitres. Qui peut ignorer que sans le dévouement de ces généreux chevaliers, les turcs seraient devenus les maîtres de la mer, et leur audace, encouragée par les divisions et les désordres qui désolaient les Etats chrétiens. eût promené impunément le croissant dans l'Europe entière. Ainsi Dieu quelquefois dans sa miséricorde, a suscité des âmes d'élite qui pleines de confiance en celui qui les inspire, se sont dévouées comme les Machabées pour la défense de son peuple et comme les prophètes de l'ancienne loi, ont parlé aux rois et aux peuples pour les réprimander, les menacer, puis les sauver.

CHAPITRE SEPTIÈME.

CLÔTURE DES MONASTÈRES SOUS BONIFACE VIII. — DONATION FAITE PAR JEAN XXII.

Peu d'années après le priorat de notre sainte, en 1298, eut lieu dans la règle des Chartreuses, une réforme fondamentale. Le Pape Boniface VIII informé de la circulation trop fréquente des religieuses dans les villes, et notamment dans celle de Rome, sous prétexte de parenté, d'intérêts matériels, et d'œuvres de charité, décréta la clôture absolue de toutes les communautés de femmes. Toute conversation d'une moniale chartreuse dût être tenue au parloir, à travers la grille, en présence d'une ou deux sœurs.

Cette prohibition devait être plus dure pour Roseline que pour les autres religieuses, étant à la porte du château des Arcs, elle devait renoncer à embrasser ses frères, ses sœurs, ses nièces et neveux, qu'elle chérissait comme une tendre mère. Il fallait ne plus voir ni soigner ces pauvres, qu'elle connaissait depuis si longtemps ; et même ces personnes amies, que l'habitude et la participation dans les œuvres de charité lui rendaient nécessaires, ne lui parlaient qu'à travers une impitoyable grille, et un rideau. Mais l'amour et la foi rendent le cœur généreux et le sacrifice facile. A l'exemple de leur prieure, les

Chartreuses acceptèrent la nouvelle rigueur avec résignation; en nous séparant du monde, leur disait-elle, le souverain pontife protége notre faiblesse, assure mieux notre persévérance. En nous rendant invisibles ne nous élève-t-il pas à la dignité des anges, purs esprits, invisibles protecteurs des hommes? Aussi l'abandon plus entier à Dieu, le calme, la sérénité, la joie la plus vive, furent le prix de la répression des cris et des murmures de la nature immolée.

Cette gêne apparente ne comprima point les essorts de l'active intelligence et du zèle de notre sainte. Par ses frères convers elle gouvernait au dehors les biens du monastère. Durant l'hiver rigoureux de 1302 elle put secourir ses pauvres désolés par la disette et l'épidémie. L'année 1314 plus néfaste encore, la famine se faisant sentir dans toute la Provence, la population fut réduite à se nourrir de l'herbe des champs; et par suite les maladies enlevèrent un tiers des habitants. Désolée de tant de calamités, Roseline, pour soulager plus de misérables, non seulement ne ménagea par les biens du couvent, mais s'imposa à elle et à ses sœurs des prières, des jeûnes et d'autres héroïques privations. Ce fut pour indemniser le couvent des sacrifices qu'il s'était imposés, que Jacques d'Euse, d'abord bénéficier de Pignans, puis évêque de Fréjus, enfin élevé en 1316 par ses hautes vertus au trône pontifical, témoin des vertus de notre sainte depuis 1278, lui envoya un message officiel en décembre 1323, avec une bulle qui décrétait en faveur de la Chartreuse de Celle-Roubaud, pour augmenter ses rentes, l'adjonction des revenus du prieuré rural de Saint-Martin dans la paroisse des Arcs. Ce mouvement spontané de la charité du Pape Jean XXII, était accompagné de l'éloge le plus délicat et le plus sérieux de la prieuresse. Il lui rappelle entr'autres, qu'étant évêque de Fréjus il a été témoin de ses vertus, qui ont laissé dans son âme, une impression si forte et si douce, qu'il est heureux de témoigner sa sympathie pour ses souffrances, en lui octroyant les revenus et les produits de l'église rurale de Saint-Martin. La sainte bénit Dieu de cette faveur qui lui permettait de continuer ses aumônes, et conçut le désir encore plus grand de secourir les malheureux *.

* On peut lire en entier le bref de donation par Jean XXII, et l'éloge de ce pontife dans l'histoire de sainte Roseline par le comte Hyppolite de Villeneuve, page 480.

CHAPITRE HUITIEME.

※

ABDICATION.— MORT.— SÉPULTURE DE SAINTE ROSELINE. — CONCOURS DES PEUPLES. — MIRACLES.— EXHUMATION DE SON CORPS. — SES YEUX.

Autour de l'enceinte claustrale, ne se pressaient pas seulement les indigents, la réputation de sagesse, d'intelligence et de sainteté acquise à Roseline, s'étant répandue au loin, attirait de nombreux visiteurs, qui voulaient ne s'inspirer et n'agir que d'après ses conseils.

On apportait des malades pour qu'elle priât sur eux et leur rendit la santé. Plusieurs guérisons miraculeuses avaient été ainsi heureusement obtenues. La modestie de l'humble religieuse fut alarmée de cet empressement trop flatteur. En vain l'illustre Jean XXII avait-il accordé en faveur de sa fille privilégiée, une exception spéciale aux règles claustrales. lui permettant même de sortir en dehors du couvent. Roseline résolut de se mettre à l'abri de ce contact trop fréquent avec le monde, et malgré les instances de ses sœurs, ferme dans sa résolution, demanda miséricorde, c'est-à-dire l'abdication de toute autorité et l'immolation absolue. Du rang suprême où l'élevait le priorat, elle voulut descendre au dernier rang, vivre dans l'isolement, uniquement pour son Dieu et pour elle. Ses austérités redoublèrent ; donnant avec regret à son corps une nourriture chétive et grossière, se nourrissant chaque jour du pain des anges, elle réduisait à quatre heures le temps du sommeil, pour passer le reste du jour et de la nuit dans des conversations intimes avec son divin époux.

L'heure de sa mort prochaine lui ayant été révélée pendant une courte maladie, notre sainte appelait de tous ses vœux cet heureux moment. « Quand seront-ils brisés, disait-elle, ces liens mortels qui m'attachent à la terre ? Quand verrai-je mon Dieu plus intimement ? Quand sera-t-il fini mon exil terrestre ? » Un jour enfin appelant sa nièce Marguerite, digne émule de sa tante, lis virginal épanoui au souffle embaumé des paroles de la sainte, elle lui annonce que sa dernière heure va bientôt sonner. Aussitôt les sœurs sont convoquées autour de l'humble couche de paille de la mourante, qui reprend en ce moment toute son énergie pour leur recommander l'abnégation, la fidélité, l'esprit de la règle cartusienne, l'amour envers Dieu, la charité envers le prochain. Alors elle fait la confession publique de ce qu'elle appelait ses infidélités envers Dieu, durant cette vie si pure où chaque acte était empreint de la plus haute perfection; puis elle demande les secours de la religion. Le prêtre appelé près d'elle lui donne le Saint-Viatique suivi de l'Extrême-Onction; il donne encore, chose rare alors, l'indulgence plénière: *In articulo mortis* que Elzéard de Villeneuve avait obtenue peu de mois auparavant du pape Jean XXII en faveur des Chartreuses de

Celle-Roubaud. Quel spectacle admirable que la vue d'un juste en ses derniers moments, s'abandonnant sans crainte à la bonté divine! Qu'elle était belle aux yeux des anges qui venaient accueillir son âme! Roseline, les mains sur la poitrine, les yeux fixés au ciel, répétant avant de rendre le dernier soupir ces paroles du prophète David: « Sauvez-moi Seigneur, et je chanterai vos louanges dans la terre des vivants! » Après l'administration des derniers sacrements, les sœurs agenouillées autour de son lit avaient été invitées à se retirer pour vaquer à leurs obligations. Marguerite seule était restée, sa tante lui répéta ses paroles de Jésus agonisant: « Veillez et priez auprès de moi. » Elle tombe dans une douce extase durant quelques moments, puis son visage pâle s'anime soudain, ses yeux éteints s'illuminent, et d'une voix libre et forte, fait entendre ses paroles : « Adieu, Marguerite ! adieu ! je vais à mon Créateur » et elle expire... C'était le 17 janvier 1329 à la soixante-sixième année de son âge. * A cette vue Marguerite, poussant un cri de douleur et de surprise, rappelle ses compagnes qui trouvent la défunte, les yeux tournés vers le ciel, son visage rayonnant d'une beauté qu'on ne lui connaissait pas, et ses membres conservant toute leur flexibilité comme si elle était encore vivante.

D'après une tradition, que l'on doit au seul témoin des derniers moments de la sainte, un prodige aurait éclaté avant que notre

* Charles Lecouteux d'après un ancien nécrologe du monastère de Bertaud

sainte rendit sa belle âme à Dieu. Trois saints, la gloire de leur ordre, saint Bruno, saint Hugues de Grenoble, saint Hugues de Lincoln auraient apparu, vêtus de l'habit des Chartreux, un encensoir à la main, précédant la mère de Dieu qui portait son fils entre les bras. La divine Marie permet qu'on encense le lit de la mourante. Le démon jaloux apparaît pour disputer cette âme à Dieu ; on l'oblige à formuler une accusation contre la sainte : elle s'est laissée aller au repos, dit-il, pendant une après dîner. L'inanité de cette accusation était un hommage éclatant rendu à la sainte. Alors la mère de Dieu, avec l'ineffable grâce de son sourire prononça ces douces paroles : « Conduisez la chaste fiancée au lit nuptial du céleste époux. » A ces mots la sainte répond *Deo gratias* et expire.

Le corps de la sainte fut aussitôt paré des insignes de sa dignité, selon le rit cartusien. On la revêt de sa robe la plus blanche ; la couronne virginale est sur sa tête, son bras porte le manipule ; l'étole descend sur sa poitrine, la main presse la croix sur son cœur, et puis on va l'exposer dans la chapelle à la vénération des fidèles.

Le bruit de cette mort se répand dans les villages voisins, que les enfants parcouraient criant : « La sainte de Celle-Roubaud est morte ; elle n'est plus la mère des malheureux. » Un immense concours vient saluer encore une fois les restes de celle dont Dieu se plut à révéler la gloire par divers prodiges. Au contact de son corps des aveugles recouvrent la vue, des membres paralysés reprennent leur vigueur, de nombreux malades sont guéris. La population ne pouvait se lasser de contempler la dépouille mortelle de celle dont l'âme était déjà dans les cieux ; l'empressement était si général, qu'il fallut retarder la sépulture jusques au troisième jour.

Le cimetière claustral offrit une humble place à la sainte Chartreuse. Une modeste croix de bois indiquait seule le lieu où reposait ce corps qui bientôt, et pour des siècles, devait être placé sur nos autels. La foule ne cessait de se presser chaque jour auprès de cette tombe, pour obtenir des grâces ; quand après quatre ans, le bruit se répand que de suaves odeurs s'en exhalaient. Le peuple réclame l'exhumation du cadavre. Barthélemy Grassi, évêque de Fréjus, en réfère au pape

Jean XXII qui eut la délicate attention de conférer ce soin à Elzéard de Villeneuve, frère de la sainte, promu par lui au siége épiscopal de Digne. La cérémonie est fixée au jour de l'Octave de la Pentecôte, 11 juin 1334. Dès le matin d'un jour splendide, la foule se pressait autour de l'enceinte claustrale, Elzéard s'avança revêtu de ses habits pontificaux, suivi du clergé; viennent ensuite les sœurs Chartreuses le front couronné de roses blanches, elles avaient droit d'être les premiers témoins de l'exhumation du corps de leur mère. Pendant que la terre est respectueusement fouillée, l'église entonne des chants d'allégresse auxquels les sœurs répondent comme un harmonieux écho. On va toucher au cercueil, il paraît, on le soulève, on le découvre. O prodigieux miracle! après cinq ans, le corps miraculeux est trouvé aussi pur de corruption que le jour de sa mort; la sainte paraissait encore dormir dans son cercueil de bois; ses yeux avaient encore conservé leur éclat; le visage sa beauté; le corps sa souplesse. La joie publique éclate en transports; six religieuses soulèvent le corps de la vierge, et s'avançant au milieu des flots pressés du peuple, gagnent lentement la chapelle où s'accomplirent les dernières cérémonies.

Mais il en est une qui doit fixer notre attention reconnaissante. A la vue de cette tête encore si belle, de cette bouche qui semblait encore sourire, de ces yeux si miraculeusement conservés, tous les témoins n'hésitèrent pas à proclamer la sainteté de Roseline, et d'un commun accord, il fut décidé que les deux yeux seraient extraits de leur orbite et placés dans une châsse d'argent pour être exposés à la vénération des fidèles, tandis que le reste du corps serait placé dans un caveau particulier. Le jour de cette glorieuse cérémonie fut à bon droit appelé le jour du *triomphe de sainte Roseline,* et depuis lors, tous les ans le jour de la fête de la sainte Trinité, les populations reconnaissantes des Arcs et de Trans, viennent pieusement en procession rendre hommage à leur patronne, et implorer son puissant secours.

Le pape Jean XXII tressaillit de joie, en apprenant les merveilles que Dieu avait opérées le jour de l'exhumation du corps de sa fille privilégiée. Dans cette opération miraculeuse, il vit la confirmation de la déclaration des vertus héroïques de la sainte, si bien dépeintes dans sa bulle de 1323, et cette constatation fut une des dernières satisfactions de ce pape qui mourut la même année, quand il se proposait d'inscrire Roseline au catalogue des Saints.

CHAPITRE NEUVIÈME.

*

HISTORIQUE DES RELIQUES DE LA SAINTE.— HUGUES D'ARPAJON LES PLACE SUR L'AUTEL. — IMPOSSIBILITÉ D'UNE SUBSTITUTION. — TRANSLATION EN 1657. — LOUIS XIV. — RÉCLAMATION DES NOTABLES DES ARCS A L'ÉVÊQUE DE FRÉJUS. — VIGILANCE DES ARQUENS DURANT LA TERREUR EN 93.

Les reliques de sainte Roseline étant l'objet spécial de la dévotion et du concours des fidèles, il serait selon nous, aussi utile qu'édifiant d'exposer ici l'historique de leur authenticité et de leur conservation, depuis le jour du triomphe, jusqu'à nos jours.

Depuis la solennité, du 11 juin 1334, de nombreux miracles avaient redoublé la vénération publique, tous demandaient avec instance de pouvoir toucher le cercueil contenant le corps de la sainte. En 1344 il fut enlevé du caveau souterrain et placé dans un lieu plus abordable, durant l'espace de vingt-cinq ans. Alors pour satisfaire au vœu universel, il fallut exposer aux yeux de tous, ce corps merveilleusement conservé. (Bouche, tome II, page 342). En 1360, Hugues d'Arpajon, fut chargé de placer le corps sur l'autel, dans une châsse vitrée. Cette translation fut un nouveau triomphe pour la sainte, et l'occasion de nouvelles ovations de la part du peuple qui conservait encore le souvenir de ses vertus et surtout de sa charité pour les pauvres. On pouvait toucher de ses mains le cercueil béni, de ses yeux on considérait les restes miraculeux de la Sainte, on la louait, on la priait plus volontiers.

Peu de temps après 1380, le comté de Provence devint le théâtre malheureux de guerres acharnées que les seigneurs se livraient entre eux. Leurs troupes ne vivaient que de rapines. Sans respect pour le droit des gens, ni pour les choses les plus saintes, la soldatesque effrénée, et dans certains pays un ramassis de brigands, commandés par des chefs plus scélérats encore, par exemple le vicomte de Turenne, rançonnaient les populations, pillaient les églises, enlevaient les précieux ornements et les reliquaires. Il fallut donc en 1389, soustraire à la profanation et à la rapacité la relique vénérée, la cacher comme à la dérobée, et la mettre en sûreté.

Ici s'élève naturellement la question de l'identité du corps de sainte Roseline et de la possibilité de la substitution d'un corps à l'autre. Les craintes qui pourraient alarmer la piété de quelques fidèles à ce sujet sont faciles à dissiper, ainsi que les objections des impies. Le doute ne pourrait exister jusques en 1360 quand d'Arpajon, évêque de Marseille, transféra le corps dans sa première châsse vitrée. De cette époque à celle de 1420 ou les Chartreuses trop isolées en rase campagne, abdiquèrent le couvent de Celle-Roubaud, pas de substitution possible. Depuis, un petit nombre de religieuses, livrées à elles-mêmes, firent profession de la règle bénédictine, sous la protection des comtes de Villeneuve, et d'après Bouche et autres, n'abandonnèrent leur couvent qu'en 1459. A ces diverses époques les religieux de Laverne et de Mont-Rieux n'avaient-ils pas les yeux sur l'insigne relique? La vigilante épée des parents et neveux de Roseline, chargée de défendre cette contrée, aurait-elle permis de porter la moindre atteinte à celle dont le souvenir était si glorieux pour eux, dont les restes protégeaient la tombe de leur famille * on pourrait échanger un os, une étoffe; mais quel caprice

* Durant les guerres de la ligue, les reliques avaient des protecteurs dans les deux partis. Le baron Gaspard de Villeneuve des Arcs, chef des Razats, du parti des Huguenots avait la chapelle sous sa dépendance, et le marquis de Trans, du parti catholique, faisait respecter la patronne de sa famille. Ainsi s'explique facilement la conservation des reliques.

intéressé, aurait voulu ou pu substituer un corps à un autre, de même taille, même forme, aussi bien conservé? Par quel procédé d'embaumement ou chimique aurait-on obtenu même ductilité dans les membres, même souplesse dans la peau? Les imposteurs pour tromper la piété auraient-ils pu faire un nouveau miracle? En 1459, la paix était rendue à la Provence et à l'église, le bon roi Réné régnait paisiblement, l'ordre public renaissait, les ruines étaient relevées, les pèlerinages étaient entrepris sans dangers, le peuple des Arcs réclame alors la restauration de la précieuse relique sauvée de la fureur des barbares. La tradition dit qu'elle fut miraculeusement retrouvée, et la châsse dorée fut encore exposée à la piété et à la vénération de tous sur son autel.

Mais par suite des malheurs du temps passé, le couvent de Celle-Roubaud était presque tombé en ruines, plus de filles de saint Bruno, plus de filles de saint Benoit, plus d'asile pour les gardiens auprès du saint corps. En 1504 la famille des Villeneuve toujours aussi pieuse qu'opulente, appelle pour veiller et prier auprès de son aïeule les franciscains de l'Observance-étroite *. En 1619 le provincial Bastida visitant le couvent de ses frères et la chapelle, atteste : dans un procès-verbal daté du 16 août 1619, renfermé dans la châsse, et conservé dans les translations

* En 1541, sur les ordres de Claude Villeneuve de Flayosc, la chapelle dite du tombeau fut ornée du beau tableau de la sainte famille où il est représenté ainsi que sa femme Isabeau de Feltris, et ses nombreux enfants adorant l'Enfant Jésus.

de 1657 et de 1835, qu'il avait trouvé le corps de la sainte, entier et sans corruption, dans sa châsse vitrée placée sur la table du maître-autel.

En 1664 le prieur de Mont-Rieux visitant l'antique chapelle, fait mention de la susdite châsse, et du corps de la sainte dont les pieds et les jambes sont couverts de la peau conservée, ayant cependant quelques perforations, et indices d'altération; il fait mention aussi du reliquaire en argent contenant les yeux de la sainte.

Bouche l'historien, nous dit : « (tome II), qu'en 1657 une grande contention s'éleva entre Jean de Villeneuve baron de Flayosc, et Antoine marquis de Trans pour savoir qui ferait la dépense d'une châsse nouvelle, plus convenable pour la sainte relique. L'abbé

Charles de Villeneuve, frère du marquis, prieur des Arcs, emporta le dessus. » La translation se fit le 20 octobre 1657, la châsse nouvelle fut portée solennellement par quatre frères observantins, et placée dans la niche en forme de coquille dorée, d'une chapelle nouvellement construite à droite de la porte d'entrée extérieure, et d'un plus facile accès pour les fidèles ; l'état de conservation du corps et la ductilité de la peau du bras qui put être agité en sens différents, firent l'admiration des assistants où l'on distinguait plusieurs membres de la noble famille, et les délégués du chapitre provincial observantin. Le panégyrique de sainte Roseline fut fait par le père Trinquère, orateur distingué de l'ordre franciscain.

Louis XIV avec sa mère vinrent en 1660

visiter les saints lieux de Provence. Après sainte Magdeleine, l'insigne relique de Celle-Roubaud reçut les hommages du grand roi. Les yeux en particulier fixèrent son attention. Ils étaient encore si intacts et si naturels que le monarque voulant s'assurer de la réalité, ordonna à Vallot, son médecin, de piquer avec une aiguille l'œil gauche. Profanation sacrilége que dans ces temps d'absolutisme, nul n'eût osé empêcher, et dont la trace trop manifeste se révèle aujourd'hui. (On voit une piqure à chaque angle.)

La sainte relique courut un grand danger d'être profanée en 1707 quand l'armée du duc de Savoie, chassée honteusement de Toulon, retournait vers les Alpes, sans discipline, pillant, incendiant tout ce qu'elle trouvait sur son passage et dans les champs voisins. Les braves habitants des Arcs non seulement protégèrent leurs foyers mais vinrent défendre avec courage la sainte relique de peur qu'elle ne fut livrée aux flammes ou profanée.

Depuis deux siècles et demi les enfants de saint François avaient gardé le précieux dépôt qui leur avait été confié, mais les ressources nécessaires pour vivre, venant à leur manquer, la chapelle et le couvent étaient à peu près délaissés par eux. En 1783, Monseigneur de Beausset, évêque de Fréjus, devint possesseur des lieux saints, l'abandon ou on laissait cette relique, sans gardien, sans honneurs, contristait son cœur. Par une complaisance excessive, il était prêt à donner satisfaction au marquis de Trans qui réclamait les restes vénérés de sa parente; à cette nouvelle, le peuple des Arcs s'émeut, et le 12 février 1783 une députation des notables des Arcs, vient présenter à l'évêque une supplique aussi ferme que respectueuse, et protester contre les prétentions du marquis de Trans. C'est aux Arcs disent-ils que notre Sainte est née, elle y a passé sa vie, elle y est morte, son corps repose depuis cinq siècles dans notre commune, on ne saurait sans injustice l'enlever à la vénération de nos concitoyens. L'évêque ébranlé par ces considérations, leur assura désormais la possession exclusive de ce précieux trésor.

La religion persécutée sous l'infâme régime de la Terreur juste châtiment de la colère céleste, voyait partout, les ministres de Dieu chassés ou guillotinés, les temples renversés, brûlés, vendus, par les dignes émissaires d'un gouvernement athée. Le couvent de sainte Roseline et les terres adjacentes du clergé furent vendus à vil prix; mais sur le point de vendre la chapelle, les hommes de la Terreur reculèrent devant les manifestations et les menaces bien explicites du peuple des Arcs. La sainte relique ne fut point touchée, quelques citoyens honorables et pieux, voulurent pour la forme devenir par intérim acquéreurs du lieu saint, pour abandonner bientôt à la commune, leur propriété, quand le joug de fer, de honte et de malheur eut cessé de peser sur la France. L'archevêque d'Aix fit constater, en revisant les authentiques des reliques diocésaines, que pendant la révolution notre relique était restée intacte.

Les vers, complices du temps, avaient attaqué non seulement le frêle cercueil, mais leurs ravages trop sensibles, sillonnaient le front, la face de la Sainte, et même le suaire qui descendait jusques sur ses genoux. Le 2 juin 1835, Monseigneur Michel, évêque de Fréjus, fut appelé pour faire solennellement une nouvelle translation. La châsse vermoulue fut remplacée par un élégant tombeau de marbre blanc, une grande ouverture vitrée laissa voir tout le corps de la tête aux pieds; la tête nue est ornée d'une couronne de roses blanches, le coude gauche et les pieds sont à découvert. Sur le corps est étendu un voile de soie blanche moirée, orné de l'écusson de la famille, brodé élégamment en or, ainsi que les années de la naissance et de la mort de sainte Roseline.

Nous avons présumé que cette sainte chronique, fastidieuse peut-être pour un indifférent, ou un étranger, offrirait un vif intérêt à nos compatriotes éclairés et croyants, en révélant et rappelant des faits, qui touchent à l'histoire de notre pays *. Heureux si nous pouvons faire partager à tous, notre foi, nos sentiments, et réveiller surtout envers notre Sainte une salutaire confiance.

---

* Par un fâcheux accident la vitre de la châsse ayant été brisée, sur la demande de M Liotard, curé des Arcs, une glace plus forte fut substituée à l'ancienne le 2 août 1873. Et l'état des reliques de nouveau constaté, par deux docteurs médecins, en présence de M. Daniel, chanoine pénitencier, délégué spécialement par Mgr l'évêque de Fréjus. Un procès-verbal à triple exemplaire, déposé dans la châsse de la sainte, à l'évêché de Fréjus et dans les archives de la paroisse, en constate les détails.

CHAPITRE DIXIÈME.

*

LÉGITIMITÉ DU CULTE RENDU A LA SAINTE.— POURQUOI N'EST-ELLE PAS CANONISÉE. — BREFS QUI AUTORISENT SON CULTE.

La vénération non interrompue des fidèles pour les restes mortels de sainte Roseline depuis sa mort jusques à nos jours, les ovations et les triomphes auxquels ont participé divers pontifes, établissent depuis plus de cinq cents ans la légitimité du culte que nous lui rendons. Mais pour dissiper les pieux scrupules des uns, et les arguments insidieux des incrédules, nous devons établir les preuves et les autorités sur lesquelles se base notre dévotion envers cette sainte, quoiqu'elle ne soit pas canonisée.

Le principe de toute autorité dans l'église catholique découle du saint-siége apostolique. Le pape Jean XXII, âgé de 90 ans, au milieu des travaux accablants de son pontificat, vivant comme un chartreux, se levant chaque nuit pour prier, avait suivi toutes les époques de la vie de Roseline depuis son noviciat jusques à sa mort. Par sa bulle du 1er décembre 1323, il avait déjà rendu hommage aux vertus héroïques de la prieure de Celle-Roubaud. L'incorruptibilité miraculeuse du corps de la sainte chartreuse, les prodiges opérés sur sa tombe furent une de ses dernières satisfactions. Il allait l'inscrire dans le catalogue des Saints, quand la mort vint le surprendre au mois de décembre de l'année 1334

Depuis lors, le concours annuel de milliers de fidèles auprès des reliques, les fréquents et même illustres pèlerinages dont elles ont été l'objet; les translations solennelles qui ont eu lieu plusieurs fois, les divers ordres religieux qui se sont succédés pour les garder, ne sont-ils pas une preuve de l'antiquité et de la légitimité du culte qui leur est rendu.

Pourquoi donc la Sainte n'est-elle pas canonisée? les règles établies par le pape Urbain VIII en 1625, entraînaient des frais énormes si l'on voulait poursuivre le procés de canonisation, tandis que d'après cette même bulle pour établir le culte diocésain, il suffisait de prouver que durant les cent années antérieures à 1625 la sainteté de Roseline était acclamée publiquement, et que des honneurs solennels lui étaient rendus. Or depuis trois cents ans ces conditions étaient remplies, dans un panégyrique du père Rodingo en 1504, dans les délibérations du conseil municipal des Arcs 1516, dans les annales de la famille de Villeneuve depuis des siècles, elle était appelée Sainte, invoquée comme Sainte, des autels étaient érigés en son honneur, les filles de toute la contrée la prenaient pour patronne le jour de leur baptême, en fallait-il davantage pour faire approuver son culte.

Les Chartreux espagnols trouvant des preuves plus que suffisantes pour obtenir la canonisation, avaient entrepris de solliciter à

Rome cette faveur, mais leur ordre dépouillé de tous ses biens par la Révolution n'à pu suffire aux frais énormes d'un tel procès.

Voici donc clairement établies les autorités sur lesquelles se base la légitimité du culte rendu à la noble et sainte chartreuse.

I. D'abord les miracles nombreux qu'elle a opérés depuis sa mort. Les voici exposés ou plutôt rappelés. 1° La conservation miraculeuse du corps de la Sainte et de ses yeux jusques à ce jour. 2° Les miracles opérés le jour de son exhumation, cinq ans après sa mort, au jour appelé le triomphe de la Sainte. 3° * Dans les actes des Saints par les Bollan-

* Dans une rencontre inégale contre les barbares, Hélion écrasé par le nombre invoque la protection de sa sœur morte depuis quelques années et remporte une éclatante victoire. — On attribue à la protection de notre Sainte la prise de Smyrne en 1344 et sa conservation contre les efforts de Tamerlan chef des tartares.

distes, neuf miracles dûs à l'intercession de sainte Roseline depuis l'an 1657 jusques à l'an 1694. Les voici : un paysan de Trans est sauvé d'un naufrage.— Blaise Blanc, marin en 1571, sauvé d'une tempête.—Deux enfants sauvés l'un de la mort, l'autre guéri de l'épilepsie.— Un habitant d'Aix et sa femme guéris par la même intercession. — Un bûcheron, près de Callian, entraîné dans un abîme où coule la Siagne, invoque la Sainte et est sauvé. — 4° Deux religieux passants ayant essayé de soustraire une partie des reliques de la Sainte sont empêchés, miraculeusement surpris, et punis.— 5° De nos jours un miracle éclatant a prouvé que la protection de la Sainte pour ceux qui l'invoquent, est toujours puissante. En 1817, au mois de mai, une sécheresse désespérante laissait flétrir les plantes sur leurs tiges, menacées de la disette, nos populations concevaient de sombres appréhensions, le ciel résistait aux prières pressantes des fidèles réunis au pied des autels; quand un peuple, alors profondément religieux, la ville de Lorgues, vient implorer la protectrice du canton. Dès la première aube, deux mille hommes, la tête et les épaules couvertes du sac de la pénitence, la corde au cou, plusieurs pieds nus, précédés de milliers de femmes et d'enfants, s'acheminent en priant vers la chapelle de sainte Roseline, but lointain de leur pèlerinage. Dès qu'ils sont arrivés auprès des saintes reliques, ils tombent à genoux, le sacrifice de la grande victime est offerte à Dieu. On espére tout de la puissance de la sainte Chartreuse auprès du Tout-Puissant, qui ne veut pas la mort du pécheur, mais sa conversion et sa vie. Rassure-toi, peuple chrétien, ta foi t'a sauvé. Déjà vers la mer de Fréjus de légers nuages se lèvent, le ciel est bientôt couvert de ces messagers miraculeux qui portent dans leurs flancs la pluie tant désirée. La tristesse fait place à la joie reconnaissante, on contemple le ciel du haut duquel la Sainte souriante semble apparaître à tous. Les pèlerins, rendant grâces à Dieu, rentrent dans leurs foyers, portant comme un glorieux trophée leurs vêtements imbibés de cette eau miraculeuse, fruit de leurs prières, qui rendit aussitôt à la nature sa force, sa beauté et d'abondantes moissons. Un tableau, *ex voto*, placé sur les murs de la chapelle atteste ce miracle, dû à la protection de sainte Roseline. Le 12 mai 1868, dans les mêmes circonstances, la protection visible de la Sainte se manifeste en faveur de la population des Arcs. C.

Dom Chauvet dit avoir lu dans un cahier mémorial renfermé dans la sacristie du couvent de sainte Roseline, un résumé des miracles tant ancien que modernes opérés par la sainte. Note E.

II. Approbation directe et toute récente * du culte rendu à sainte Roseline donnée par la cour de Rome. 1° Le cardinal Patrizi permet, le 17 septembre 1867, à l'ordre des Chartreux dans le monde entier de rendre à

* On peut lire tout au long ces approbations obtenues du Saint-Siége, et tous les procès-verbaux des diverses translations du corps de la Sainte dans les pièces justificatives qui couronnent l'œuvre de M. Hypolite de Villeneuve, Histoire de sainte Roseline, page 508.

Roseline, leur sœur en Jésus-Christ, les hommages dûs aux Saints, de placer son nom dans leur calendrier, de réciter en son honneur des oraisons propres approuvées par la congrégation des rits. 2° Le 9 mai 1851 l'office, la messe et l'oraison propres avaient été approuvés à Rome pour le diocèse de Fréjus à la sollicitation de Monseigneur Wicart de digne mémoire. 3° Le 6 mai 1861, après avoir confirmé le culte public et ecclésiastique rendu à sainte Roseline, Vierge, depuis un temps immémorable, Sa Sainteté Pie IX, accorde le pardon plénier des peines dues à leurs péchés à ceux qui le jour de la fête de la Sainte, le 16 octobre, le 14 janvier et le 14 juillet visiteront une église des Chartreux depuis les premières vêpres de la veille, jusques au coucher du soleil le lendemain.

III. La famille entière des Villeneuve, par une concession spéciale du cardinal Patrizi, préfet de la congrégation des rits, 20 décembre 1866, a le droit de rendre à la Sainte qui est une illustration de sa glorieuse généalogie, un culte particulier, dans le monde entier.

Ces autorités paraîtront sans doute suffisantes pour rassurer la dévotion des prétendus timorés, et leur inspirer une légitime confiance.

Voici pour faciliter la dévotion des fidèles envers sainte Roseline, ses litanies avec le français en regard, approuvées par l'autorité ecclésiastique le 11 novembre 1862.

KYRIE, CHRISTE, etc.

Sancta Rossolina.

SANCTA ROSSOLINA.

Nobilitatis decus.
Contemptrix divitiarum.
Christi sponsa.
Nutrix pauperum.
Virginitatis speculum.
Spiritus sancti templum.
Vas fidei.
Vas charitatis.
Spei columna.
Rosa sine spina.
Lilium sine maculâ.
Vas pudicitiœ.

ORA PRO NOBIS.

SEIGNEUR AYEZ PITIÉ DE NOUS.

Sainte Roseline.

SAINTE ROSELINE.

Honneur de la noblesse.
Qui dédaigniez les richesses.
Epouse du Christ.
Qui alimentiez les pauvres.
Miroir de la virginité.
Temple du Saint-Esprit.
Vase de foi.
Vase de charité.
Colonne d'espérance.
Rose sans épines.
Lis sans tâche.
Vase de pureté.

PRIEZ POUR NOUS.

SANCTA ROSSOLINA.

Sancti Brunonis discipula.
Chartusianarum norma.
Lumen monacarum.
Forma humilium.
Silentii custos.
Margarita pretiosa.
Eremitarum consocia.
Doctrina sororum.
Paupertatis amatrix.
Debilium fulcimentum.
Angelorum socia.
Perpetrix miraculorum.
Solatium afflictorum.
Languentium medicina.
Flos semper odorans.
Arcuam patrona.

ORA PRO NOBIS.

Agnus, etc.

℣ Ora pro nobis sancta Rossolina.

℟ Ut digni efficiamur promitionibus Christi.

SAINTE ROSELINE.

Disciple de saint Bruno.
Règle des Chartreuses.
Lumière de l'ordre monacal.
Modèle des humbles.
Observatrice du silence.
Pierre précieuse.
Emule des solitaires.
Qui donniez la science à vos sœurs.
Amante de la pauvreté.
Soutien des faibles.
Compagne des anges.
Qui opérez des miracles.
Consclation des affligés.
Remède des souffrants.
Fleur toujours odorante.
Patronne des Arcs.

PRIEZ POUR NOUS.

Agneau, etc.

Priez pour nous sainte Roseline.

Pour que nous soyions dignes des promesses du Christ.

ORÉMUS.

Deus pro cujus amore beata Rossolina mundi sibi blandientis calcavit illecebras : ut tibi unice adhæreret, tribue nobis in ejus imitatione terrena despicere, et cælestium donorum semper participatione gaudere. Per Christum.

PRIONS.

Dieu pour l'amour de qui, la bienheureuse Roseline dédaigna les charmes flatteurs du monde pour ne s'attacher qu'à vous. Accordez qu'en l'imitant nous méprisions les choses périssables et participions à jamais à la joie du céleste bonheur par Jésus-Christ, etc.

PRIÈRE A SAINTE ROSELINE.

Aimable et noble Sainte dont nous avons si souvent éprouvé la bienveillante protection, nous voici à vos pieds, implorant de nouveau les grâces dont nous avons besoin. Accordez-nous un plus vif amour pour Jésus, au service de qui vous vous consacrâtes avec tant de bonheur. Faites que nous résistions généreusement, ainsi que vous, aux attraits du monde qui veut nous attirer à lui par ses biens et ses plaisirs sensuels. Faites que par l'abnégation de notre propre volonté et la mortification de la chair, nous méritions d'être les dignes épouses de Jésus-Christ.

Accordez-nous un peu de cette charité qui animait si vivement votre cœur à la vue des malheureux, des souffrants, et surtout des pauvres pécheurs. Obtenez-nous surtout la persévérance dans les bonnes résolutions que nous prenons en ce moment sous votre sainte inspiration. Afin qu'après vous avoir imitée sur la terre, nous puissions aller auprès de vous dans le ciel recevoir la couronne et le bonheur que Dieu réserve à ses élus!

Ainsi soit-il!

Cantique en l'honneur de Ste Roseline.

AIR : *Goûtez âmes ferventes, etc.*

La cloche nous appelle,
Accourons au tombeau
De la Vierge fidèle
Qui partout suit l'agneau.

A l'auguste patronne
Qui sourit à nos cœurs,
Tressons une couronne
De nos plus belles fleurs. } REFRAIN.

O rose sans épines,
Tu parfumes les cieux,
Ton nom ô Roseline
Est un nom glorieux.

Dès l'âge le plus tendre,
Jésus est ton époux,
Tu brûles de lui rendre
L'hommage le plus doux.

L'humanité souffrante,
Emeut ton jeune cœur,
Tu cours impatiente
Sur les pas du malheur.

Mais soudain l'on t'arrête,
Tu regardes les cieux!...
Les pains sois satisfaite
Sont des lis précieux.

Frappé de ce spectacle,
Son père est tout surpris,
Il s'écrie ô miracle!
Des fleurs du paradis!

Non du monde volage
Tu n'écouteras pas,
Le perfide langage,
Il conduit au trépas.

Mais dans la solitude
De la loi du Sauveur,
Tu feras ton étude
Et ton plus grand bonheur.

Va, médite en silence
L'austère vérité,
Elance-toi d'avance
Jusqu'à l'éternité.

Modeste violette
Du monde fuis le jour,
Car jamais la tempête
N'a troublé ce séjour.

De la sainte milice
Prends le commandement,
Sur toi le ciel propice
Veillera constamment.

Ta parole touchante
Ramène les pécheurs,
Leur âme pénitente
Déplore ses erreurs.

Tu fais ton bonheur d'être
L'appui des malheureux,
On te voit apparaître
Au milieu des lépreux.

Exauce leurs prières,
Etends sur eux la main,
En touchant leurs ulcères
Tu les guéris soudain.

Armés pour la défense
De la religion,
Les preux pleins de vaillance
Appelent Hélion.

Monté sur sa galère,
Le héros fend les mers,
Dieu! le vois-tu ton frère
Vaincu, mis dans les fers.

Hâte-toi, prend des ailes,
Vole le secourir,
Au joug des infidèles
Ta main doit le ravir.

Aussitôt comme une ombre
Tu glisses sur les flots.....
Que ton séjour est sombre!
Frère, quel noir cachot!

Sors, mettons à la voile,
Que la reine du ciel,
Soit notre bonne étoile
Jusqu'au toit paternel.

Sans rame ni boussole
Tu le conduis au port,
Soudain à ta parole
Il s'arrête et s'endort.

Mais bientôt il s'éveille,
Et dit avec transport,
O ciel quelle merveille
Je reviens de la mort!

De sa reconnaissance
L'hommage solennel,
Avec magnificence
Brille sur ton autel.

Puissante protectrice
Exauce tes enfants,
A nos vœux sois propice,
Daigne agréer nos chants.

Ecarte les orages,
Féconde nos sillons,
Dissipe les nuages
Et sauve nos moissons.

Si du ciel la colère
Venait fondre sur nous,
O Vierge tutélaire
Garde-nous de ses coups.

Sur nous sainte patronne
Incline tes regards,
Et du haut de ton trône
Vois le peuple des Arcs.

Toujours de sa faiblesse
Sois l'espoir et l'appui,
Protége-le sans cesse
Intercède pour lui.

Puisse-t-il dans la gloire
Te contempler un jour,
Et bénir ta mémoire
Au céleste séjour!

NOTES.

NOTE A, page 3.

La première inféodation de la terre des Arcz-Trans fut faite en 1201 par Guillaume III roi d'Aragon à Géraud Ier de Villeneuve, fils de Raymond et père de Géraud II et de Romée de Vence (Hyp. de V. page 453) *. Mais la commune des Arcz était constituée depuis plusieurs siècles. Dès l'an 1010 dans les cartullaires de saint Victor (tome Ier n° 581) elle portait le nom de *Castellum*

* Les diverses généalogies des familles de Villeneuve ne concordant point, nous avons cru devoir suivre l'opinion du comte Hyp. de Villeneuve, auteur aussi érudit que consciencieux.

Archus. Dans un autre acte de la même époque, on lit *Castrum Archis*.

D'après le même cartullaire, l'église des Arcz sous le titre de Notre-Dame de Beauvoir et de Saint-Pierre, fut donnée par Foulque, chef d'une noble famille, à l'abbaye de Saint-Victor de Marseille en 1055. Cette donation fut confirmée par le pape Grégoire VII et plus tard, en 1095, par le pape Urbain II qui assurait au cardinal Ricardo, abbé de Saint-Victor, la possession des paroisses *de Arx* et de *Flayosco*.

En 1099 sur les ordres de la cour de Rome, Bérenger III, évêque de Fréjus, fit rendre par le clergé séculier, aux moines de Saint-Victor. *Omnes ecclesias de Archs exceptâ ecclesiâ sauctæ Ceciliæ*. La paroisse des Arcz était donc dès lors assez importante pour avoir plusieurs églises et prébendes. Ildefonse, roi d'Aragon, comte de Provence, au mois de novembre 1187 vint confirmer *in ecclesiâ de Arcis* une donation faite par Hugues de Clavier en faveur de l'église de Fréjus.

On lit encore dans le cartullaire (n° 582) dans un acte datant de 1057 *in villâ quam nuncupant Castrum Archis.* En faut-il davantage pour prouver 1° que la commune des Arcz existait plusieurs siècles avant l'arrivée des barons Catalans de Villanovo, 2° que son nom lui vient de *Arx Arcis*, forteresse admirablement située pour la défense du pays qu'elle dominait et auquel elle avait donné son nom. Ce n'est qu'au XIVe siècle que l'on voit dans une bulle de donation du prieuré de Saint-Martin faite par Jean XXII en faveur de sainte Roseline *ecclesiam ru-*

ralem de *Arcubus*, terme adopté dans les siècles suivants par corruption du mot et de là par un préjugé ignorant. On a répété que du temps des Romains il y avait aux Arcz une fabrique d'arcs et de flèches dont on a composé les armoiries de notre ville. Mais la tradition plus fidèle à la vraie étimologie fait écrire les Arcz et non les Arcs.

Note B, page 5.

La famille de Villeneuve, ayant été une des gloires de la Provence, par sa bravoure, ses lumières, sa générosité et sa piété, et comptant avec bonheur sainte Roseline dans sa généalogie, ne trouvera point mauvais que par reconnaissance nous établissions ici son illustre filiation au point de vue de sa parenté avec sainte Roseline.

FILIATION DE LA FAMILLE DE VILLENEUVE.

RAYMOND de Villeneuve, mort en 1182,
père de
GÉRARD Ier de V., mort en 1236,
père de

GÉRARD II.

ROMÉE de V. Vence.

ARNAUD Ier de V.
ARNAUD II de V.,
père de

RAYMOND.
RAYNAUD.
ELZÉARD.
HUGUES.
BÉATRIX
MABILE.
URANIE.
SANCHE.
ARNAUD III......
HÉLION.
SAINTE ROSELINE.

père de
HÉLION de V., mort en 1385,
père de
ARNAUD IV

HUGUES Raymond de V.
1° Bargemon, 2° Esclapon,
3° Tourrettes.

GÉRARD de V.
HÉLION (1418).
HÉLION (1451).
GÉRARD de V.
ANTOINE de V.
GASPARD de V.,

ANTOINE de V., auteur de la
branche V Flayosc.

père de

ARNAUD V de V.,
père de
ANTOINE de V.
mort sans enfants.

et de HERCULE de V.
père de
MARIE de V., mariée en 1652
à LOUIS Leclerc de Lassigny.

LA PARENTÉ DE SAINTE ROSELINE SE COMPOSE ACTUELLEMENT.

Branche des Villeneuve-Flayosc.

Marquis HÉLION de V.— Comtesse ROSELINE de V. épouse de FORBIN Labarben.— Comte HYPPOLITE de V.— Comtesse RAYMOND de V.

Branche des V. des Arcs.

1° La famille de RAITY de VITRÉ.— 2° La famille LECLERC de JUIGNÉ de LASSIGNY.

Branche des V. de Bargemon et d'Esclapon, descendant de Hugues Raymond.

Le marquis HENRY de V. Bargemon et ses enfants.
La comtesse DAVID de Beauregard, née de V. Bargemon.
Le comte JOSEPH de V. Bargemon et ses enfants.
Le vicomte ELZÉARD de V. Bargemon et ses enfants.
La comtesse de MONTÉBELLO, née de V. Barg. et son fils.
La marquise de SUFFREN, née de V. Barg. et ses enfants.
Le marquis RAYMOND de V. Bargemon et ses enfants.
La comtesse BENOIST de BOIGNE, née de V. B. et ses enfants.
La comtesse de BROSSES, née de V. Barg. et ses enfants.
La comtesse RAGAIESKI, née de V. Bargemon.
La comtesse de CHATEAU-RENARD et ses enfants.
Madame REVERDIT, née de V. Bargemon et ses enfants.

Les petits enfants de la comtesse de Juigné de Lassigny, née de V. Bargemon.

Les enfants et petits enfants de Me Bain, née de V. B.

Le comte Romée de V. d'Esclapon et ses enfants.

Le comte Charles de V. d'Esclapon et ses enfants.

M Ferdinand de V. d'Esclapon et ses enfants.

M. Jules de V. d'Esclapon et ses enfants.

Branche de Villeneuve-Vence descendant de Romée.

La postérité de la marquise de Bassompierre. — Des comtesses de Luçay. — De Divonne — D'Audigné — Nées de Villeneuve-Vence.

Note C, page . 127

Deux tentatives de vol ont eu lieu touchant les reliques de sainte Roseline. La 1re par deux frères observantins espagnols. Ayant reçu l'hospitalité au couvent de sainte Catherine, ils ouvrirent pendant la nuit la châsse. Mais la sainte apparaît à Pierre Taneron, de Callas, domestique du couvent et lui dit : « Vas et vois ce qu'on me fait. » Eveillé, il se lève en sursaut ne sachant ce qu'il devait faire, il visite d'abord son écurie, craignant de n'avoir pas donné la pâture aux chevaux ; chemin faisant il voit par la fenêtre de l'église une lumière dans la chapelle de saint Antoine de Padoue, où était alors déposé le corps de la bienheureuse. Il s'y rend d'abord et voit ces deux frères dont l'un tenait la châsse entr'ouverte, tandis que l'autre saisissait la tête de la Sainte ; il les en détourne, et va raconter le fait au père gardien, qui chasse les coupables de la maison, après les avoir sévèrement réprimandés. (Bollandistes, juin, page 501.)

Dom Chauvet, dans ses mémoires, raconte un pareil attentat commis par un observantin arquois demeurant au couvent, qui parvint à soustraire une côte de la sainte relique. Etant allé à Rome, il demandait la permission de conserver ce pieux larcin. Il reçut un refus, et l'ordre de remettre la côte entre les mains du révérend père Boyer qui se trouvait alors dans la ville sainte (1661), lequel déposerait la relique dans le couvent de Villeneuve-lès-Avignon, à condition qu'on ne ferait devant elle aucun office public ni privé. Cette côte cachée et égarée durant la tourmente de 1793, vient enfin, sur les instances pressantes de Monseigneur de Chalandon, archevêque d'Aix, d'être retrouvée en 1866 parmi les reliques que le défunt curé de Villeneuve avait réunies dans sa chambre pendant la terreur.

Note D, page 71.

Dom Chauvet avoue que l'exercice auquel vaquait sainte Roseline était la transcription des livres saints commune aux femmes et aux hommes, l'art typographique n'étant point inventé. Pour preuve il relate le chapitre 28 des coutumes cartusiennes écrit par Guigues « Tout frère ou sœur doit avoir pour écrire son encrier, des plumes, de la craie, deux pinceaux, deux scapels pour racler le parchemin, deux rasoirs, une pièce pour essuyer, un sablier, un plomb, une règle, un crayon pour régler. La raison de cette obligation, dit le même Guigues, c'est que ne pouvant prêcher la parole de Dieu, nous prêchons par les mains, autant de livres écrivons-nous, autant de prédicateurs envoyons-nous, qui pourront ramener les uns de l'erreur, et confirmer les autres dans la vérité, et enflammer dans tous le désir de la céleste patrie.

NOTE E, page 127.

François de Villeneuve, dans une vie plus détaillée de sainte Roseline, rapporte qu'au départ d'Hélion pour Rhodes, sa sainte sœur lui prédit qu'il tomberait entre les mains des Sarrasins, mais qu'il serait miraculeusement délivré. La première partie de la prophétie étant accomplie, il espérait en voir réaliser la seconde par les prières de sa sœur, et fit le vœu de reconstruire le monastère de Celle-Roubaud s'il était délivré. Il fut en effet pendant son sommeil enlevé miraculeusement, et déposé non loin du monastère sur cet angle de terre formé par les deux routes, où fut plantée d'abord une croix pour perpétuer le souvenir de la délivrance d'Hélion. La croix est remplacée aujourd'hui par un oratoire

NOTE F, page 117

PROCÈS-VERBAL

de

L'OUVERTURE DE LA CHASSE DE Ste-ROSELINE

LE 2 AOUT 1873.

D. O. M.

Reparatæ salutis anno super millesimum, octingentesimo septuagesimo tertio, quarto nonas augusti.

Sedente Romæ pontifice maximo Pio nono, Forojuliensem Ecclesiam regente RR. DD. Josepho Henrico Jordany.

Adstantibus imprimis Ecclesiæ Arcensis parocho Leone Liotard, parochialis fabricæ administris, magnâ stipante sacerdotum populi que coronâ.

Nos infra scriptus Ludovicus Carolus Daniel canonicus pœnitentiarius Cathedralis Ecclesiæ a RR. Forojuliensi antistite delegatus, sigilla intacta, et ablato veteri cristallo fracto sed non sejuncto, sacras beatæ Rosolinæ reliquias integras recognovimus, quibus tamen desunt duo vel tres costulæ ut testati sunt venerabiles viri artis medicæ DD. Laurentius Augustus Balthazar Bourrelly et Ludovico Lavagne oppidi de Arcis, ad hoc specialiter accitis.

Lectis authenticis diplomatibus antea in thecâ depositis, novum cristallum substituimus apprime orificio thecæ marmoreæ adaptatum, cui episcopalia sigilla in angulis cum cerâ rubrâ apposuimus.

In quorum fidem omnes obsignavimus.

L. Carolus Daniel.

L. Liotard, etc.

SOMMAIRE DES CHAPITRES.

CHAPITRE VIII.

CHAPITRE IX.

CHAPITRE X.

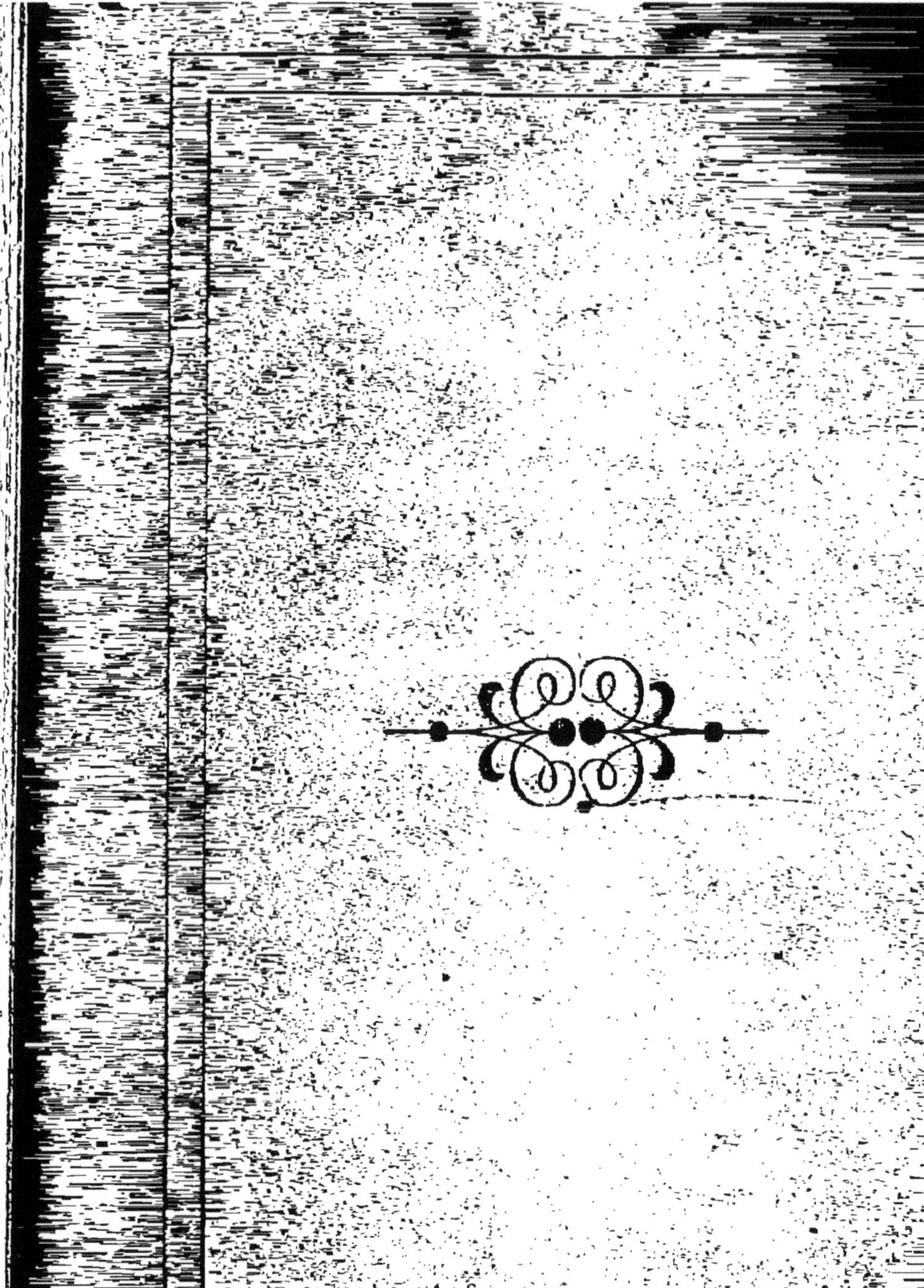

www.ingramcontent.com/pod-product-compliance
Ingram Content Group UK Ltd.
Pitfield, Milton Keynes, MK11 3LW, UK
UKHW012219240726
13966UKWH00003B/853